W0209096

KÖNIGS ERLÄUTERUNGEN

Band 487

Textanalyse und Interpretation zu

Éric-Emmanuel Schmitt

MONSIEUR IBRAHIM ET LES FLEURS DU CORAN

Wolfhard Keiser

Alle erforderlichen Infos für Abitur, Matura, Klausur und Referat plus Musteraufgaben mit Lösungsansätzen

Bange Verlag

Zitierte Ausgaben:
Schmitt, Éric-Emmanuel: *Monsieur Ibrahim et les fleurs du Coran.*
Stuttgart: Philipp Reclam jun., 2009 (Reclams Universalbibliothek Nr. 9118).

Über den Autor dieser Erläuterung:
Dr. Wolfhard Keiser: Studium der Anglistik und Romanistik.
Veröffentlichungen: *Die Zeitgenossen Richardons und Fieldings*, 1974. *The American Dream*, 1982. *Stories of Youth and Discovery*, 1984. *Jean de la Fontaine: Fables*, 1985. *Simone de Beauvoir: Le deuxième Sexe*, 1997. *Jean Giraudoux: La guerre de Troie n'aura pas lieu*, 1998. *Jean Anouilh: Antigone*, 1999. *Eugène Ionesco: Rhinocéros*, 2000. *Albert Camus: L'Étranger*, 2001. *Jean-Paul Sartre: Les Mouches*, 2003. *William Shakespeare: Der Kaufmann von Venedig*, 2004. *Erich Maria Remarque: Im Westen nichts Neues*, 2005. *Beliebte Balladen interpretiert*, 2006. *Beliebte Erzählungen und Novellen interpretiert*, 2007.

Das Werk und seine Teile sind urheberrechtlich geschützt. Jede Verwertung in anderen als den gesetzlich zugelassenen Fällen bedarf der vorherigen schriftlichen Einwilligung des Verlages. Hinweis zu § 52 a UrhG: Weder das Werk noch seine Teile dürfen ohne eine solche Einwilligung eingescannt oder gespeichert und in ein Netzwerk eingestellt werden. Dies gilt auch für Intranets von Schulen und sonstigen Bildungseinrichtungen.

2. Auflage 2013
ISBN: 978-3-8044-1984-1
PDF: 978-3-8044-5984-7, EPUB: 978-3-8044-6984-6
© 2010, 2011 by Bange Verlag GmbH, 96142 Hollfeld
Alle Rechte vorbehalten!
Titelbild: Tanzende Derwische
Druck und Weiterverarbeitung: Tiskárna Akcent, Vimperk

1. DAS WICHTIGSTE AUF EINEN BLICK – SCHNELLÜBERSICHT

Damit sich jeder Leser in unserem Band rasch zurechtfindet und das für ihn Interessante gleich entdeckt, hier eine Übersicht.

⇨ S. 9 ff.

Im 2. Kapitel befassen wir uns mit **Schmitts Biografie** sowie dem **zeitgeschichtlichen Hintergrund**, soweit er für das Verständnis des Werkes relevant ist. Daneben werden weitere **wichtige Werke des Autors** angesprochen.

→ Nach einigen Jahren Lehrtätigkeit an einem Gymnasium und an der Universität Chambéry ist der 1960 in Lyon geborene Éric-Emmanuel Schmitt **seit 1991 als freier Schriftsteller tätig**.
→ Schmitts Erzählung ist **Aufruf zur Toleranz** und zum **Verständnis gegenüber Andersdenkenden**, eine Warnung vor gegenwärtigen fundamentalistischen Strömungen und Rassenwahn.
→ Die **Auseinandersetzung mit religiösen Fragen** und der Bedeutung der Religion für die Lebensgestaltung des Menschen stehen im Mittelpunkt von Schmitts literarischem Schaffen und werden in folgenden Werken direkt thematisiert:
La nuit de Valognes (1991), *Le Visiteur* (1993), *Milarepa* (1997), *L'Évangile selon Pilate* (2000), *Monsieur Ibrahim et les fleurs du Coran* (2001), *Oscar et la dame rose* (2002), *L'enfant de Noé* (2004)

Das 3. Kapitel umfasst die Textanalyse und -interpretation.

Monsieur Ibrahim et les fleurs du Coran – Entstehung und Quellen:

Schmitt wurde zu der Erzählung durch **ein Gespräch** mit seinem Freund Bruno Abraham-Kremer angeregt. ⇨ S. 21 f.

Inhalt:

Es wird das **Schicksal eines jüdischen Jungen** erzählt, der, von seinen Eltern vernachlässigt, in M. Ibrahim, einem muslimischen Gemischtwarenhändler, seinen Freund und Mentor findet; er wird nach dem Selbstmord des Vaters von ihm adoptiert. ⇨ S. 23 ff.

Chronologie und Schauplätze:

Der Gesamtaufbau der Erzählung wird durch die langsame Erweiterung des Erfahrungsbereichs des jugendlichen Protagonisten zwischen seinem elften und dreizehnten Lebensjahr bestimmt. ⇨ S. 32 ff.

Orte der Handlung sind, in dieser Reihenfolge:
- die Rue Bleue im 9./10. Arrondissement von Paris
- das Stadtzentrum von Paris
- die Normandie
- der „Croissant d'Or" im Süden der Türkei
- die Rue Bleue

Personen:

Die Hauptpersonen sind ⇨ S. 46 ff.

Moïse/Momo (in der Interpretation benutzen wir v. a. den Namen Momo):
- vom Vater enttäuscht
- misstrauisch gegenüber Erwachsenen

→ vereinsamt
→ ohne Selbstbewusstsein

Moïses Vater:
→ verschlossen
→ depressiv
→ bewusste Abwertung seines Sohnes
→ durch eigene Kindheitserlebnisse traumatisiert

M. Ibrahim:
→ altersweise
→ lebensfroh
→ glaubensstark
→ verantwortungsbewusst
→ wird für Momo zum Freund und Mentor

Stil und Sprache Schmitts:

⇨ S. 82 ff.

Unterschiedlicher Sprachstil im ersten und zweiten Teil der Erzählung:
→ 1. Teil (bis zum Selbstmord des Vaters): Wortwahl und Satzbau sind Spiegelbild von Momos Traurigkeit und Verzweiflung
→ 2. Teil (nach der Adoption durch M. Ibrahim): Szenen, in denen das komödiantische Element dominiert

Interpretationsansätze:

⇨ S. 94 ff.

→ Aufruf zu Toleranz und Mitmenschlichkeit, Absage an dogmatisch-fundamentalistische Bewegungen
→ die Erzählung ist Ausdruck aktueller Strömungen in Gesellschaft und Literatur

2. ÉRIC-EMMANUEL SCHMITT: LEBEN UND WERK

2.1 Biografie

Éric-Emannuel Schmitt
* 1960
© ullstein bild

JAHR	ORT	EREIGNIS	ALTER
1960	Sainte-Foy-lès-Lyon	Geburt am 28. März als Sohn eines Lehrerehepaars	
1980	Paris	Studium an der École normale supérieure	20
1983		Agrégation im Fach Philosophie	23
1986		Dissertation *Diderot et la métaphysique*	26
1987/88	Cherbourg	Tätigkeit als Gymnasiallehrer	27/28
1989/90	Chambéry	Lehrtätigkeit an der dortigen Universität	29/30
ab 1991		freie schriftstellerische Tätigkeit	31
1994	Paris	Prix Molière für das Stück *Le Visiteur*	34
2000	Paris	Grand Prix du Théâtre „pour l'ensemble de son œuvre" der Académie Française	40
2001	Paris	***Monsieur Ibrahim et les fleurs du Coran*** erscheint	41
2004	Leipzig	Publikumspreis der Leipziger Buchmesse für *Monsieur Ibrahim et les fleurs du Coran*	44

2.2 Zeitgeschichtlicher Hintergrund

ZUSAMMEN-FASSUNG

Zentrales Thema der Erzählung *Monsieur Ibrahim et les fleurs du Coran* ist die sich im Laufe weniger Jahre vertiefende Freundschaft zwischen dem muslimischen Lebensmittelhändler Monsieur Ibrahim und Moïse/Momo, dem Jungen jüdischer Herkunft.

Moïses/Momos anfänglich nicht vorurteilsfreie Einstellung zu M. Ibrahim und das distanzierte Verhalten der französischen Polizisten gegenüber dem „Araber“ haben ihren Grund in mangelnder Kenntnis voneinander bzw. unzureichendem Verständnis füreinander – die wachsenden Probleme in den „Banlieues“ französischer Städte sind eine Folge derartiger Defizite.

Probleme in den „Banlieues“

Auf seiner offiziellen Webseite äußert sich Éric-Emmanuel Schmitt zu seinen Absichten bei der Konzeption seiner Erzählung *Monsieur Ibrahim et les fleurs du Coran*:

Vermittlung eines positiven Islambildes

„Provokant war es von mir, ein positives Bild des Islam zu vermitteln, gerade in dem Moment, wo die Terroristen das Bild dieser Religion durch ihre abscheulichen Taten zur Unkenntlichkeit verzerren. Wenn heute der Islamismus den Islam beschimpft, wenn der Islamismus die Erde verseucht, dann müssen wir dringend unterscheiden lernen zwischen Islam und Islamismus, dann müssen wir aus unserem Herzen diese irrationale Angst vor dem Islam herausreißen und verhindern, dass eine Religion, von deren tausendjähriger Weisheit sich Millionen von Menschen leiten lassen, mit der radikalen und todbringenden Fratze gewisser Agitation verwechselt wird".[1]

Die Rue Bleue in Paris, so wie Schmitt sie in seiner Erzählung beschreibt, ist ein Ort, wo Menschen verschiedener Herkunft, die unterschiedlichen Glaubensgemeinschaften angehören, in einem gemeinsamen Lebensumfeld vorurteilsfrei zusammenleben:

Die Rue Bleue in Paris

„In der Rue Bleue [...] lebte eine klare jüdische Mehrheit, einige Christen und Moslems. Die Bewohner teilten nicht nur die Straße, sondern das Alltagsleben, die Lebensfreude, die Sorgen, sie tauschten sich gegenseitig im Gespräch aus ... Freundschaften oder Neigungen entstanden zwischen Menschen, die ein wenig von überall her kamen, einer jeweils anderen geographischen oder geistigen Heimat entstammten."[2]

Aber auch in der Erzählung erhält dieses Idealbild einige Kratzer, denn Momo begegnet Monsieur Ibrahim anfangs mit einer gewissen Missachtung: *„Après tout, c'est qu'un Arabe!"* (S. 10, Z. 5) Er hat ein feines Gespür für die sozialen Unterschiede, wie es sie in Paris gibt, und für die sich daraus ergebenden Abgrenzungen von Menschen aus unterschiedlichen Milieus: „– Ça doit être chouette d'habiter Paris. – Mais tu habites Paris, Momo. – Non, moi j'habite rue Bleue." (S. 31, Z. 1 ff.) Auch das Verhalten der Polizisten gegenüber Monsieur Ibrahim ist Ausdruck ihrer unterschwelligen Ablehnung: „Les policiers, au début, se méfiaient parce qu'il avait vraiment l'air d'un Arabe" (S. 47, Z. 18 f.).

Vorurteile / soziale Unterschiede

Frankreich heute

Wie in vielen Ländern, in denen Menschen aus fremden Kulturkreisen mit Einheimischen zusammenleben, so begegnet man auch in

---

1 Schmitt, Éric-Emmanuel: *Monsieur Ibrahim und die Blumen des Koran* – Anmerkungen. Im Internet: http://www.eric-emmanuel-schmitt.com/literature.cfm?nomenclatureId=1772&catalogid=810 (Stand Oktober 2010)

2 Ebd.

Frankreich den Muslimen mit erheblichen Vorbehalten. Besonders in Regionen mit einem hohem Prozentsatz (etwa 10–15 %) von Einwanderern aus Algerien und Marokko (Île-de-France, Rhône-Alpes, Provence-Côte d'Azur) sind bei Diskussionen mit Einheimischen Pauschalurteile wie „Ils nous prennent nos logements, notre travail. Ils sont partout, il n'y en a plus que pour eux! On n'est plus chez soi!“ immer wieder zu hören.

Rückbesinnung auf religiöse Wurzeln

Festzuhalten bleibt, dass sich viele jüngere Muslime, obwohl in Frankreich geboren, als Bürger zweiter Klasse fühlen, „des Français à part“. Bei dem Versuch der eigenen Identitätsfindung besinnen sie sich auf ihre religiösen Wurzeln. Immer häufiger trifft man in französischen Städten verschleierte junge Mädchen, selbst solche, die eine Burka tragen, Verhaltensweisen, die Integrationsbemühungen zuwiderlaufen, bestehende Vorurteile gegen arabische Einwanderer verstärken und längerfristig zum Aufbau einer Parallelgesellschaft führen können.

Frankreich während der „Occupation“

Warnung vor Fanatismus und Rassismus

Ganz bewusst hat Éric-Emmanuel Schmitt das Schicksal von Momos Vater und mit ihm das vieler Juden in Frankreich während der Zeit der deutschen Besatzung („Occupation“) im Zweiten Weltkrieg thematisiert, als Warnung vor Fanatismus und Rassismus in seiner schlimmsten überhaupt vorstellbaren Form: „Il a perdu ses parents très jeune parce qu'ils avaient été ramassés par les nazis et qu'ils étaient morts dans les camps.“ (S. 48, Z. 13 ff.).

Folgen der französischen Kapitulation 1940

Nach der französischen Kapitulation wird Frankreich gemäß den Waffenstillstandsbedingungen vom 22. Juni 1940 in eine besetzte („zone occupée“) und eine nicht besetzte („zone libre“) Zone eingeteilt. Das besetzte Gebiet untersteht direkt deutscher Kontrolle, die „zone libre“, d. h. der südlich der Loire gelegene Teil Frankreichs, wird von der französischen Regierung unter Marschall Pétain verwaltet. Im November 1942 übernimmt Deutschland auch hier die direkte Kontrolle.

Antisemitismus

Antisemitische Tendenzen der französischen Rechten führen bereits kurz nach der Niederlage, am 17. Juli 1940, zum Erlass eines Gesetzes, das die Juden von allen staatlichen Ämtern ausschließt, sowohl in Verwaltung und Schule als auch in solchen Industriezweigen, die staatlich subventioniert werden. Außerdem sind sie nicht länger an leitender Stelle in Presse, Rundfunk und der Filmindustrie beschäftigt, ein „Numerus clausus" beschränkt ihren Zugang zu freien und künstlerischen Berufen. Neben den Juden werden auch Freimaurer und Bewohner nichtfranzösischer Abstammung zunehmend aus dem Staatsdienst entfernt. Ende 1941 wird die antijüdische Gesetzgebung in der besetzten Zone verschärft: die allgemeine Bewegungsfreiheit wird für Bürger jüdischen Glaubens eingeschränkt, es besteht ein absolutes Reiseverbot in die „zone libre", die antisemitische Propaganda in Presse und Funk wird verstärkt. Nach 20 Uhr herrscht ein absolutes Ausgehverbot, Einkäufe dürfen nur zu bestimmten Stunden erledigt werden, der Besuch öffentlicher Veranstaltungen ist ebenso verboten wie die Benutzung eines Fahrrades (!), Bankkonten werden eingefroren, Immobiliengeschäfte dürfen nicht getätigt werden.

Verfolgung der Juden

Im Herbst 1941 nehmen die Attentate der Résistance zu – als Geiseln werden vorwiegend Juden und Kommunisten hingerichtet. Mit Erlass vom 29. Mai 1942 wird in der besetzten Zone für die jüdischen Bürger das Tragen des „Judensterns" verpflichtend. Zunehmend werden Internierungslager eingerichtet: in Pithiviers (Loiret), in Compiègne, in Drancy bei Paris, dem berüchtigtsten von allen. Im Juli 1942 werden im „Vélodrome d'Hiver" Tausende von Juden zusammengetrieben und in die Vernichtungslager Auschwitz und Buchenwald deportiert.

2.3 Angaben und Erläuterungen zu wesentlichen Werken

ZUSAMMEN-FASSUNG

Grundthema der wichtigsten Werke Schmitts ist die Suche des Menschen nach dauerhaften Wertvorstellungen in einer ihm fremd gewordenen Welt.

Sein erstes **Theaterstück *La nuit de Valognes*** (1991)[3] ist eine Bearbeitung des Don-Juan-Mythos. Schmitts Don Juan ist kein sexbesessener Abenteurer – die tief empfundene Liebe zu einem Mann lässt ihn die Sinnlosigkeit seines bisher gelebten Lebens erkennen.

1993 erschien der **Einakter *Le Visiteur***[4], ein Dialog zwischen dem Atheisten Sigmund Freud und dem „Inconnu“, in dem die Frage nach der Existenz Gottes in einer von menschlicher Grausamkeit geprägten Welt gestellt wird.

Die 1997 veröffentlichte Erzählung *Milarepa*[5], der erste Teil des insgesamt drei Erzählungen umfassenden ***Cycle de l'Invisible* (*Milarepa, Monsieur Ibrahim et les fleurs du Coran, Oscar et la dame rose*)** behandelt das Leben des buddhistischen Heiligen Milarepa. Monsieur Ibrahim et les fleurs du Coran (2001) macht uns u. a. mit dem Sufismus, einer besonderen Richtung des Islam, bekannt. In *Oscar et la dame rose* (2002)[6] findet der unheilbar an Leukämie erkrankte

---

3 Schmitt, Éric-Emmanuel: *La Nuit de Valognes*. In: Théâtre 1, S. 7–126, Paris: Librairie Générale Française, 2002 (Le Livre de Poche, Bd. 15396).

4 Schmitt, Éric-Emmanuel: *Le Visiteur*. In: Théâtre 1, S. 127–217, Paris: Librairie Générale Française, 2002 (Le Livre de Poche, Bd. 15396).

5 Schmitt, Éric-Emmanuel: *Milarepa*. Paris: Albin Michel, 1997.

6 Schmitt, Éric-Emmanuel: *Oscar et la dame rose*. Stuttgart: Philipp Reclam jun., 2004 (Reclams Universal-Bibliothek Nr. 9128).

zehnjährige Oscar Trost und Halt im Glauben an Jesus Christus und an Gott.

Wie in den beiden zuletzt genannten Werken, so hilft auch in ***L'enfant de Noé*** (2004)[7] ein Erwachsener einem Kind in größter Not: unter Einsatz seines Lebens rettet der katholische Pater Pons den kleinen Joseph, einen jüdischen Jungen, vor der Verhaftung durch die Gestapo.

In Schmitts vielbeachtetem **Roman *L'Évangile selon Pilate*** (2000)[8] verfolgen wir, in Anlehnung an die Evangelien, Jesu Leben von seiner Kindheit bis zu seinem Tod am Kreuz. Der zweite Teil des Werks schildert aus der Perspektive des Pilatus die Geschehnisse in Jerusalem nach dem Tode Christi und seiner Wiederauferstehung.

Werke (in Auswahl)

Dramen

1991 *La nuit de Valognes*
1993 *Le Visiteur*
1996 *Variations énigmatiques*
1997 *Le Libertin*
1998 *Frédérick ou le Boulevard du crime*
1999 *Hôtel des Deux Mondes*

---

7 Schmitt, Éric-Emmanuel: *L'enfant de Noé*. Stuttgart: Philipp Reclam jun., 2005 (Reclams Universal-Bibliothek Nr. 9147).

8 Schmitt, Éric-Emmanuel: *L'Évangile selon Pilate*. Paris: Librairie Générale Française, 2008 (Le Livre de Poche, Bd. 30514).

Romane und Erzählungen

1994 *La Secte des Égoïstes* (Roman)
1997 *Milarepa* (Erzählung)
2000 *L'Évangile selon Pilate* (Roman)
2001 *Monsieur Ibrahim et les fleurs du Coran* (Erzählung)
2001 *La part de l'autre* (Roman)
2002 *Oscar et la dame rose* (Erzählung)
2004 *L'enfant de Noé* (Erzählung)
2007 *La rêveuse d'Ostende* (Novelle)
2008 *Ulysse from Bagdad* (Roman)
2009 *Le sumo qui ne pouvait pas grossir* (Erzählung)

Milarepa (1997)

Milarepa (1040–1123), Schüler Marpas' (1012–1097), ist die zentrale Figur dieser Erzählung. Er gilt als eine der großen Persönlichkeiten des tibetanischen Buddhismus. Er verfasste spirituelle, an Naturschilderungen reiche Lieder, die noch heute in Tibet beliebten „100 000" Gesänge.

Grundzüge der buddhistischen Lehre

– Zu einem besseren Verständnis der Erzählung soll hier kurz auf die Grundzüge der buddhistischen Lehre eingegangen werden: Demnach durchlaufen die Seelen aller irdischen Wesen eine Reihe von Wiederverkörperungen, d. h. mehrere Kreisläufe von Geburt, Tod und Wiedergeburt (Samsara) bis zu ihrer endgültigen Erlösung. Über die Art dieses Läuterungsweges entscheidet das eigene Karma, die von einem selbst begangenen guten und bösen Taten. Alle Wesen befinden sich, abhängig von ihrem Karma, auf einer langen, verschlungenen Wanderung, steigen empor in lichte Welten, die sie dem Nirvana näherbringen, sinken wieder herab ins Dunkle. Das Nirvana, das höchste Heilsziel, ist das Eingehen in die Sphäre des Unsterblichen. –

Handlungsablauf

Zu Beginn der Erzählung begegnen wir Simon, einem 38-jährigen Tibetaner, der seit mehreren Jahren in Paris lebt. Regelmäßig sieht er sich im Traum in den Bergen Tibets auf der Suche nach einem Mann, den er zutiefst hasst und den er zu töten beabsichtigt. In einem Café klärt ihn eine ihm völlig unbekannte Frau über seine wirkliche Identität und die Bedeutung dieses Albtraums auf:

> „Tu t'appelles Svastika. Tu parcours les montagnes des songes depuis des siècles en essayant de purger ton âme. Tu voudrais te libérer de la haine. Tu n'y arriveras qu'en racontant l'histoire de celui que tu combattis, l'histoire de Milarepa, le plus grand des ermites. Lorsque tu l'auras racontée cent mille fois, tu échapperas enfin au samsara, ta migration circulaire est sans fin." (S. 10)

Milarepa und sein Onkel Svastika lebten vor etwa 900 Jahren, dessen Karma, die Fülle der von ihm angehäuften bösen Taten, hat dazu geführt, dass er auf seiner Seelenwanderung nur als niederstes Wesen wiedergeboren wurde: „J'ai été chien, fourmi, rongeur, chenille, caméléon et mouche à merde." (S. 11)

Svastika ist Hirte in den Bergen Tibets. Als er nach dem Verlust seiner Herde bitterste Not leidet, nimmt ihn die Familie Milarepas auf. Wenig später stirbt der Vater. Dieser hatte Svastika als Vormund für seinen Sohn und seine Tochter eingesetzt, bis zu dem Tag ihrer Volljährigkeit. Aber Svastika, zu Reichtum gekommen, hält sich nicht an diese Vereinbarung, verjagt dic erwachsenen Kinder und ihre Mutter. Milarepa verlässt das Dorf, niemand weiß, wohin.

Alles gelingt Svastika, sein Wohlstand nimmt zu, mit Kindern und Enkelkindern führt er ein unbeschwertes Leben, bis eines Tages während einer Hochzeitsfeier über alle Gäste die Katastrophe hereinbricht: Milarepa bringt nach Erlernen der schwarzen Magie den Festsaal zum Einsturz – lediglich Svastika und seine Frau kommen mit dem Leben davon.

Milarepa hat seinen Rachedurst gestillt, seinen inneren Frieden hat er nicht gefunden. In seiner Not begibt er sich zu Marpa, dem verehrten Lama, bittet ihn um Anleitung auf dem Weg zum Heil. Zahlreiche Prüfungen werden ihm vom Lama auferlegt: er hat Türme unterschiedlichster Größe zu bauen, aber obwohl er bis zur totalen körperlichen Erschöpfung arbeitet, findet seine Arbeit nicht die Zustimmung des Meisters – Marpas Missbilligung verdeutlicht ihm die Nichtigkeit seines irdischen Tuns, führt ihm vor Augen, dass auch harte körperliche Askese nicht zur Erleuchtung führt.

Elf Monate lang muss er daraufhin in einer zugemauerten Grotte meditieren, abgeschlossen von der Außenwelt, um zu erkennen, dass das eigene Ich bloße Scheinwirklichkeit ist.

Milarepa verlässt seinen großen Lehrmeister, und dessen Abschiedsworte bedeuten für seinen Schüler indirekt die Verpflichtung, als „bodhisattva“ (S. 40) Helfer und Beschützer aller Wesen zu sein.

Milarepa kehrt in sein Heimatdorf zurück – sein Elternhaus ist zerstört, seine Mutter verstorben. Nach dem Tode Svastikas kommt dessen vom Alter gebeugte Frau zu ihm, bereut, was ihr Mann mit ihrem Wissen Milarepa angetan hat. Milarepa, der in völliger Abgeschiedenheit lebt, verzeiht ihr.

Oscar et la dame rose (2002)

Oscar, ein unheilbar an Leukämie erkrankter zehnjähriger Junge, schreibt während der ihm noch verbleibenden kurzen Lebensspanne täglich einen Brief an den lieben Gott.

Mamie Rose begleitet ihn während dieser schweren Zeit, sie ist es, die ihm rät, sich an Gott zu wenden, ihm alles mitzuteilen, was er erlebt, was ihn bedrückt, was er sich erträumt. Durch ihre absolute Ehrlichkeit gewinnt Mamie Rose sein Vertrauen. Während die behandelnden Ärzte die Wahrheit, dass er bald sterben muss, vor ihm zu verbergen suchen – Oscar weiß sehr wohl, dass seine Krankheit nicht heilbar ist –, macht sie ihm deutlich, dass unser Leben endlich ist.

Oscars fiktives Leben angesichts des nahen Todes

In zahlreichen Briefen an den lieben Gott lebt Oscar ein fiktives Leben: er versetzt sich in die Rolle eines pubertierenden Jugendlichen, erwähnt seine Konflikte mit den Eltern, mit seinen Freunden, „et tout ça à cause des filles“ (S. 35). Seine witzigen, „lebensklugen“ Bemerkungen lassen uns schnell vergessen, dass wir es mit einem sterbenskranken Jungen zu tun haben, dessen Tage gezählt sind. Kurz vor seinem dreißigsten Lebensjahr berichtet er dem lieben Gott von seiner Heirat mit Peggy Blue, einem schwer herzkranken Mädchen, dem eine komplizierte Operation bevorsteht, die ihm Angst macht. Nie vergessen wir die traurige Wirklichkeit in diesem Kinderkrankenhaus, hören die Schreie von schmerzgeplagten Kindern. Und Oscar, der „junge Ehemann“, ist ein kleiner, entkräfteter hilfloser Junge: Mamie Rose führt ihn in die Kapelle, dorthin, wo der „Liebe Gott“ wohnt. Erschüttert steht Oscar vor der Statue des Gekreuzigten.

Frage der Theodizee

Angesichts der Qualen Christi, angesichts menschlichen Leidens überhaupt, stellt Oscar die Frage, warum Gott, an den er sich in seinen Briefen vertrauensvoll wendet, an dessen Allmacht er glaubt, Derartiges überhaupt zulässt. Mamie Rose versucht, ihm begreiflich zu machen, dass Leben und Leiden untrennbar zusammengehören, dass am Ende des menschlichen Lebens der Tod steht. Aber von mir selbst hängt es ab, ob ich angesichts des für jeden unausweichlichen Todes verzweifle oder ob ich auf Gott vertraue, darauf, dass er mich in sein Reich aufnehmen und dass mein Leiden ein Ende haben wird. Gewissheit in Bezug auf das, was mich nach dem Tode erwartet, gibt es nicht – Glaube und Hoffnung bleiben dem Menschen. Oscar begreift, dass menschliches Glück darin besteht, sich am Wunder der göttlichen Schöpfung immer wieder neu zu erfreuen; er versteht, dass uns das Leben von Gott „geliehen“ worden ist und dass wir als Menschen uns dieser Gnade Gottes würdig erweisen müssen.

3. TEXTANALYSE UND -INTERPRETATION

3.1 Entstehung und Quellen

ZUSAMMENFASSUNG

Der äußere Anlass für die Abfassung der Erzählung war eine Begegnung zwischen Schmitt und seinem Freund und Schauspieler Bruno Abraham-Kremer. Dieser hatte ihn in seinem Ferienhaus in Irland besucht. Die mit ihm diskutierten Fragen – die Wichtigkeit früher Kindheitserlebnisse für die weitere Entwicklung eines Menschen sowie die Bedeutung religiöser Überzeugungen in unserem Leben – stehen im Mittelpunkt zahlreicher Werke Schmitts.

Anregung zur Erzählung durch Gespräch mit Freund über Kindheit und Jugendzeit

Grundlage der Erzählung ist nach Schmitts Aussage ein mit Abraham-Kremer geführtes Gespräch. Man tauschte Erinnerungen an die Kindheit und Jugendzeit aus, sprach über die liebevolle Zuwendung der jeweiligen Großväter zu den Enkeln und die Bedeutung, die eine glückliche Kindheit für die Entwicklung eines Menschen hat. Beide fühlten sich im Zusammensein mit den Großvätern sicher und geborgen, respektiert, und erhielten so das nötige Selbstwertgefühl, um ihr Leben zu meisten: „Zwischen den fröhlichen und friedlich dreinschauenden Mienen unserer Vorfahren lugte schon die Nasenspitze Monsieur Ibrahims hervor.“[9]

Kurz bevor Abraham-Kremer seinen Freund in dessen Haus in Irland besuchte, war er von einer Reise in die Türkei zurückge-

---

9 Schmitt, Éric-Emmanuel: *Monsieur Ibrahim und die Blumen des Koran* – Anmerkungen. Im Internet: http://www.eric-emmanuel-schmitt.com/literature.cfm?nomenclatureld=1772&catalogid=810 (Stand Oktober 2010)

kehrt, wo er einige Zeit in Anatolien verbracht hatte, u. a. auch in Konya, der Wirkungsstätte des berühmten Mystikers und Dichters Dschelaladdin Rumi (1207–1273), des herausragenden Vertreters des Sufismus, einer besonderen Form des islamischen Glaubens.

Sufismus

Offensichtlich hatte sich Schmitt schon lange vorher mit Fragen zur Psychologie von Heranwachsenden beschäftigt, ebenso wie mit den religiösen Überzeugungen des Islam: „Es gibt Texte, die man so selbstverständlich in sich trägt, dass man sich nicht einmal ihrer Wichtigkeit bewusst ist. Sie schreiben sich wie von selbst nieder, es ist wie wenn man ein- und ausatmet. Man atmet sie eher aus, als dass man sie bewusst verfasst. [...] Als ein Text des Herzens, mit dem Herzen geschrieben, war *Monsieur Ibrahim* für mich etwas ganz Persönliches."[10]

Erste Fassung als Theatermonolog

Monsieur Ibrahim et les fleurs du Coran lag zunächst in Form eines Theatermonologs vor, geschrieben für Abraham-Kremer, dem auch die Erzählung gewidmet ist.

10 Ebd.

3.2 Inhaltsangabe

ZUSAMMEN-FASSUNG

Der elfjährige jüdische Junge Moïse, von seinem späteren Mentor M. Ibrahim Momo genannt, lebt allein mit seinem depressiven Vater in der Rue Bleue, unterhalb von Montmartre gelegen. Dem Vater ist er völlig gleichgültig, jedoch hat er das Glück, in dem Gemischtwarenhändler M. Ibrahim einen Freund zu finden, der dem vom Vater ständig kritisierten und gedemütigtem Jungen neues Selbstvertrauen gibt. Seine Hinweise und Ratschläge, basierend auf einer langen Lebenserfahrung und den Lehren des Koran, werden Momo helfen, sein Leben zu bewältigen, seine Zukunft zu gestalten.
Nach dem Selbstmord des Vaters und der Adoption durch seinen „großen“ Freund unternehmen die beiden eine Reise nach Anatolien, der Heimat M. Ibrahims, während der Momos Adoptivvater tödlich verunglückt. Der Junge kehrt allein nach Paris zurück, er erbt M. Ibrahims Geschäft und, als besonderes Geschenk, ein Exemplar des Koran mit einigen getrockneten Blumen darin.
Nach etwa 20 Jahren treffen wir Momo wieder, verheiratet, nun selbst Besitzer des Ladens in der Rue Bleue.

Momo geht ins Bordell

Die Erzählung beginnt mit dem Bordellbesuch des Erzählers, dem elfjährigen Moïse: „À onze ans, j'ai cassé mon cochon et je suis allé voir les putes.“ (S. 5, Z. 1 f.) Der Junge lebt alleine mit seinem Vater, „le fils d'un avocat sans affaires et sans femme“ (S. 6, Z. 7 f.), in einer dunklen Wohnung in der Rue Bleue, in einem vorwiegend von Juden, Christen und Muslimen bewohnten Viertel. In Abwesenheit des Vaters muss er sich nach dem Besuch der Schule noch um den gesamten Haushalt mit allen anfallenden Arbeiten kümmern: Waschen, Kochen, Einkaufen. Er fühlt sich ausgenutzt, „l'esclave plutôt que le fils d'un avocat" (S. 6, Z. 7 f.).

Momo kauft bei M. Ibrahim ein

Kurz nach seiner ersten intensiven Bekanntschaft mit dem anderen Geschlecht lernt er M. Ibrahim, Besitzer eines kleinen Geschäfts, genauer kennen. M. Ibrahim lebt seit Jahrzehnten in diesem Viertel. Obwohl Muslim, genießt er in dieser vorwiegend von Juden bewohnten Straße hohes Ansehen. Regelmäßig erledigt Momo dort seine Einkäufe, jeweils nur für einen Tag, denn sein Vater händigt ihm nur die für die eine Besorgung nötige Geldsumme aus. Momo und M. Ibrahim nehmen zunächst kaum voneinander Notiz. Das ändert sich, als Momo, um Geld für seine Eskapaden anzusparen, dann und wann etwas „mitgehen" lässt: *„Après tout, c'est qu'un Arabe!"* (S. 10, Z. 5)

Momos erste Kontakte mit M. Ibrahim

M. Ibrahims offenbare Fähigkeit, Gedanken lesen zu können („Monsieur Ibrahim m'entendait penser!" S. 10, Z. 12 f.), jagt Momo einen fürchterlichen Schreck ein. Langsam kommen sie einander näher, führen allerdings nur sehr kurze Gespräche: „Une phrase par jour. Lui, parce qu'il était vieux, moi parce que j'étais jeune." (S. 11, Z. 21 f.) Dieser „rege Gedankenaustausch" hätte sich zweifellos noch über längere Zeit fortgesetzt, wenn nicht eines Tages Brigitte Bardot, Sexsymbol des französischem Films der 1950er und 60er Jahre, zu Dreharbeiten in der Rue Bleue aufgetaucht wäre. Aufgeregte Schreie allenthalben. Selbst den altersweisen M. Ibrahim hält es nicht länger hinter seiner Ladenkasse. Und nun geschieht etwas völlig Unerwartetes: diese verführerische Frau betritt den kleinen Laden, kauft eine Flasche Mineralwasser, für die M. Ibrahim, statt des damals üblichen Preises von 2 Francs, vierzig Francs verlangt. Dem Erstaunen des Stars begegnet er mit unvergleichlichem Charme: „Ce n'est pas l'eau qui est rare, mademoiselle, ce sont les vraies stars." (S. 15, Z. 4 f.)

Brigitte Bardot

M. Ibrahim nimmt Einfluss auf Momos Entwicklung

Der alte Gemischtwarenhändler wird für Momos Entwicklung immer wichtiger, weit wichtiger als sein leiblicher Vater, der seinen Sohn nicht wahrzunehmen scheint, ihm stattdessen seinen älteren Bruder Popol als nachahmenswertes Vorbild hinstellt, der kurz nach Momos Geburt, zusammen mit seiner Mutter, den Vater verlassen hat.

Zwischen M. Ibrahim und dem Jungen entsteht eine Art Komplizenschaft, die darauf abzielt, den geizigen Vater mit seinen eigenen Waffen zu schlagen. Momo kauft nunmehr etwas preiswerter ein: der teure Beaujolais wird mit billigem Tafelwein verschnitten, statt der Landleberwurst gibt es „pâtés pour chiens“ (S. 16, Z. 10). Das gesparte Geld verlebt er im Milieu der leichten Mädchen, wo er einen Handtaschendieb in die Flucht schlägt und sich damit ihre besondere Zuwendung verdient.

M. Ibrahim erteilt gute Ratschläge

M. Ibrahim gibt ihm gewisse Lebensregeln an die Hand. Er verdeutlicht ihm, dass Höflichkeit und Freundlichkeit den alltäglichen Umgang mit den Mitmenschen erleichtern können: „Poli, c'est bien. Aimable, c'est mieux. Essaie de sourire, tu verras.“ (S. 22, Z. 13 f.) Momo befolgt diesen Ratschlag und hat Erfolg damit: in der Schule (S. 23, Z. 1 ff.), natürlich auch bei den Liebesdienerinnen in der Rue de Paradis (S. 24, Z. 4 ff.), nur bei seinem Vater nicht – griesgrämig wie immer, weist er ihn rüde ab (S. 25, Z. 8–S. 26, Z. 8). In einem langen Gespräch gelingt es M. Ibrahim, ihm über diesen Schmerz hinwegzuhelfen (S. 26, Z. 9–S. 28, Z. 21) – Näheres dazu s. Kap. 3.4.

Spaziergang durch Paris

Am darauffolgenden Tag unternehmen sie einen Spaziergang durch Paris, schlendern an der Seine entlang, spazieren durch Gärten, machen Halt vor den eleganten, sündhaft teuren Geschäften in der Rue du Faubourg-Saint Honoré. Während einer kurzen Rast in einem Café bemerkt Momo voller Verwunderung, dass sein Freund, obwohl Muslim, Alkohol trinkt: „– Je croyais que les musulmans,

M. Ibrahims Glaubensbekenntnis

ça ne buvait pas d'alcool. – Oui, mais moi je suis soufi." (S. 31, Z. 5 ff.) Diese Antwort lässt ihm keine Ruhe – „soufi", vielleicht eine Krankheit, an der M. Ibrahim leidet? Im Larousse, der französische Enzyklopädie, erfährt er, worum es sich beim Sufismus handelt: „*Soufisme: courant mystique de l'islam, né au VIIIe siècle. Opposé au légalisme, il met l'accent sur la religion intérieure.*" (S. 31, Z. 16 ff.)

Dabei beunruhigt ihn besonders die Erklärung „opposé au légalisme" – sollte M. Ibrahim etwa ein Gesetzesbrecher sein, was dann ja bedeuten würde, dass er, Momo, Kontakte mit einem Kriminellen unterhielte? In einer bemerkenswerten Argumentationskette (vgl. Kap. 3.6) kommt er dann doch zu einer ihn beruhigenden Schlussfolgerung.

Momo beschäftigt sich mit Gott

M. Ibrahims Credo, dass die Worte des Koran für ihn die Richtschur bei der Bewältigung der Alltagsprobleme sind, beschäftigt Momo ständig – das mit seinem Vater noch am gleichen Tag geführte Gespräch hat ebenfalls die Frage nach Gott zum Inhalt: „Papa, est-ce que tu crois en Dieu?" (S. 33, Z. 11) Die folgende Unterhaltung lässt den Jungen ziemlich ratlos zurück – dem Leser gibt sie einige Hinweise auf das, was der Vater, von seinen Eltern im jüdischen Glauben erzogen, in früheren Jahren erlebt haben muss (vgl. Kap. 3.4).

Abschiedsbrief von Momos Vater

Wenige Tage später eröffnet ihm der Vater, dass er seine Arbeitsstelle verloren hat. Aber damit nicht genug: kurz darauf findet er einen Abschiedsbrief seines Vaters, in dem er ihm mitteilt, dass er ihn verlassen habe. Etwas Geld und die Anschriften von vier Personen, die sich angeblich um Momo kümmern würden, die der Junge aber überhaupt nicht kennt, das ist seine gesamte „Hinterlassenschaft". Der Junge versucht, seiner Enttäuschung Herr zu werden, neuen Halt in einem quasi normalen Leben zu finden. Vor den Nachbarn verbirgt er das Verschwinden des Vaters: er führt wie bisher den Haushalt, setzt sich abends, auf „alt" zurechtgemacht, vor das Fenster, im Sessel seines Vaters, er bändelt mit Miriam an, der dreizehnjährigen Tochter des Hausmeisters seiner Schule.

Momo und M. Ibrahim reisen in die Normandie

Zu dieser Zeit schlägt ihm M. Ibrahim eine gemeinsame Reise in die Normandie vor, die für den Jungen zu einem ganz besonderen Erlebnis wird. In ihren Unterhaltungen weist M. Ibrahim den Jungen auf Gemeinsamkeiten zwischen Islam, Judentum und Christentum hin: „Avec monsieur Ibrahim, je me rendais compte que les juifs, les musulmans et même les chrétiens, ils avaient eu plein de grands hommes en commun avant de se taper sur la gueule. Ça ne me regardait pas, mais ça me faisait du bien." (S. 43, Z. 11 ff.)

Gespräche über Religion

Großer Einschnitt in Momos Leben: Selbstmord des Vaters

Drei Monate nach der Rückkehr aus der Normandie geschieht etwas Furchtbares. Eines Morgens stehen plötzlich Polizisten vor der Tür: sie teilen ihm mit, dass sich sein Vater bei Marseille vor einen Zug geworfen habe. Als sie ihn bitten, seine zerfetzte Leiche zu identifizieren, schreit er auf: „Je me suis mis à hurler [...] je ne pouvais plus m'arrêter" (S. 47, Z. 9 ff.). M. Ibrahim ist auch in dieser Situation für ihn da: „Monsieur Ibrahim a été parfait. [...] il a tout de suite compris la situation, il a dit qu'il irait, lui, à Marseille pour reconnaître le corps" (S. 47, Z. 15 ff.).

Im Anschluss an dieses schreckliche Ereignis führt M. Ibrahim, der spürt, wie sehr Momo seinen Vater über den Tod hinaus hasst, ein Gespräch mit ihm über das Schicksal des Vaters während der deutschen Besatzung im Zweiten Weltkrieg, über die Deportation seiner Eltern.

Momos Mutter taucht auf

Während Momo damit beschäftigt ist, seine Wohnung neu zu gestalten, erscheint seine Mutter, der er sich nicht zu erkennen gibt. Von ihr erfährt er, dass Popol nie existiert hat, sondern eine reine Erfindung des Vaters war.

Ein neuer Abschnitt beginnt in Momos Leben – M. Ibrahim adoptiert ihn (S. 54, Z. 22). Ihr neues gemeinsames Leben beginnt

Neuer Lebensabschnitt: M. Ibrahim adoptiert Momo

mit einer großen Reise in den Mittleren Orient: „Et cet été, on ira ensemble dans le Croissant d'Or, je te montrerai la mer, la mer unique, la mer d'où je viens." (S. 55, Z. 10 ff.) Vorher gilt es noch, ein Auto zu kaufen und, für M. Ibrahim, Fahrpraxis zu erwerben – die amüsanteste Szene der ganzen Erzählung, voller Witz und überraschenden Einfällen (vgl. Kap. 3.6).

Gemeinsame Reise in den Mittleren Orient

Die Reise führt durch die Schweiz, einige Länder des Balkans, Griechenland, schön beschaulich, immer auf Nebenstrecken. Der dreizehnjährige Momo sitzt leicht verkrampft am Steuer, erlebt Land und Leute durch die Beschreibungen und Erläuterungen seines Adoptivvaters: „Le babil de monsieur Ibrahim [...] c'est cela, pour moi, le chemin qui mène de Paris à Istanbul. L'Europe, je ne l'ai pas vue, je l'ai entendue" (S. 60, Z. 4 ff.). Über alles Mögliche reden sie : über die Menschen am Straßenrand, ihre Lebensweise, auch über Momos Berufspläne, Import–Export, das schwebt ihm vor, und das gefällt dem stolzen Vater: „Je vous présente mon fils, Momo, qui un jour fera de l'import-export." (S. 62, Z. 9 f.). Sie amüsieren sich damit, Glaubensrichtungen an dem in ihren jeweiligen Kirchengebäuden vorherrschenden Geruch zu erkennen (S. 63, Z. 1). Sie sprechen über den Menschen als Teil der Schöpfung, seine Evolution, sein irdisches Leben, seinen Tod. (S. 67, Z. 13 ff.).

In einem kleinen Bergdorf – vermutlich in der Nähe von Konya, dem Zentrum der Mewlewije-Bruderschaft, der M. Ibrahim angehört – machen sie Halt. Momo begleitet seinen Vater in ein sog. Tekké:

Tanz der Derwische

> „Je suis heureux, Momo. Tu es là et je sais ce qu'il y a dans mon Coran. Maintenant je veux t'emmener danser." (S. 63, Z. 23 ff.)
>
> „Et c'est là, que, pour la première fois, j'ai vu des hommes tourner. Les derviches portaient de grandes robes pâles, lourdes,

Tanz als Form des Gebets: Durch kreisende Bewegungen geraten die Derwische in religiöse Ekstase.

souples. Un tambour retentissait. Et les moines se transformaient alors en toupies." (S. 64, Z. 13 ff.)

Ziel der Reise: M. Ibrahims Heimatdorf

In der Nähe von M. Ibrahims Heimatdorf machen sie Halt. Momo wartet unter einem Olivenbaum, M. Ibrahim nimmt das Auto und fährt zu seinem alten Freund Abdullah. „Il était tout bouleversé, comme un jeune homme, il voulait d'abord y aller seul, en repérage" (S. 68, Z. 12 ff.). Als er um Mitternacht immer noch nicht zurückgekehrt ist, begibt sich Momo auf die Suche nach ihm. Er findet ihn in einem großen Raum, schwer verletzt, umgeben von weinenden Frauen – er war gegen eine Wand gefahren. M. Ibrahim liegt im Sterben: ein Mensch, der im Vertrauen auf Gott stirbt, in dem Bewusstsein, ein erfülltes Leben gelebt zu haben – seine letzten Worte sind so etwas wie sein Vermächtnis an Momo:

Tod M. Ibrahims

„Moi, j'ai bien vécu, J'ai vécu vieux. J'ai eu une femme, qui est morte il y a bien longtemps, mais que j'aime toujours autant. J'ai eu mon ami Abdullah, que tu salueras pour moi. Ma petite épicerie marchait bien. La rue Bleue, c'est une jolie rue, même si elle n'est pas bleue. Et puis il y a eu toi [...] ne t'inquiète pas. Je ne meurs pas, Momo, je vais rejoindre l'immense. Voilà." (S. 70, Z. 2 ff.)

Momo verbringt einige Zeit mit Monsieur Abdullah, dem Jugendfreund seines Adoptivvaters, „un monsieur Ibrahim parcheminé, plein de mots rares" (S. 70, Z. 22 f.), der ihn in die Lehren Rumis, des bekanntesten mystischen Theologen aus dem 13. Jahrhundert einführt. Per Anhalter kehrt er nach Paris zurück, er erbt M. Ibrahims gesamtes Vermögen, den Laden in der Rue Bleue und, vielleicht das Kostbarste, ein altes Exemplar des Koran: „Dans son Coran, il y avait deux fleurs séchées et une lettre de son ami Abdullah."

Momo kehrt nach Paris zurück

(S. 73, Z. 1 f.). Momo macht dort weiter, wo M. Ibrahim aufgehört hatte, setzt dessen Lebenswerk als Erwachsener fort: „maintenant, je suis Momo, celui qui tient l'épicerie [...] Pour tout le monde, je suis l'Arabe du coin" (S. 75, Z. 1 ff.).

Momo setzt M. Ibrahims Lebenswerk fort

Regelmäßig besucht er mit seiner Frau und seinen beiden Kindern seine Mutter und deren Ehemann: „Tous les lundis, je vais chez eux, avec ma femme et mes enfants. Comme ils sont affectueux, mes gamins, ils l'appellent grand-maman" (S. 74, Z. 16 ff.).

3.3 Aufbau

ZUSAMMEN-
FASSUNG

In der vorliegenden Ich-Erzählung blickt der Erzähler aus der Perspektive eines erwachsenen Mannes auf **eine etwa zwanzigjährige Zeitspanne seines Lebens** zurück, die die Jahre von seinem elften bis etwa fünfunddreißigsten Lebensjahr umfasst. Sein Leben wird in einer **Kette von Einzelbegebenheiten** vorgeführt, ohne Abschweifungen, mit der Konzentration auf eine sehr begrenzte Zahl von Personen. Sein **anfänglich sehr eingeschränkter Erfahrungsbereich** – die Rue Bleue, im 9./10. Arrondissement von Paris gelegen, ein Schmelztiegel verschiedener Nationalitäten und Kulturen – **erfährt ein langsame Ausweitung**: zunächst gewinnt Momo einen Eindruck des äußerlich attraktiveren Stadtzentrums, dann führt ihn eine Reise in die Normandie. Nach dem Selbstmord seines Vaters trifft er kurz mit seiner Mutter zusammen, die er nie wirklich kennen gelernt hatte – erst am Ende der Erzählung finden die beiden zueinander. **Den Abschluss der Erzählung** und gleichzeitig seine innere Entwicklung beendend **bildet seine Fahrt mit M. Ibrahim**, nunmehr sein Adoptivvater, zum Goldenen Halbmond, mit unterschiedlichen Erfahrungen in einigen europäischen Ländern. Der Tod M. Ibrahims markiert für Momo das Ende eines Lebensabschnitts, währenddem er durch seinen Mentor langsam in die Welt der Erwachsenen hineingeführt wurde. Mit Momos Rückkehr nach Paris schließt sich der Kreis, der an den Anfang zurückführt, gleichzeitig aber, durch Momos Übernahme des Geschäfts, einen Blick in eine Zukunftsebene ermöglicht:

Momo wird das Geschäft im Sinne seines großen Freundes weiterführen und er wird, dessen ist sich der Leser sicher, sein Leben an den Maximen M. Ibrahims ausrichten.

ÄUSSERER RAHMEN	BEZIEHUNGEN – EREIGNISSE – ERFAHRUNGEN
Rue Bleue	fehlendes Verständnis Vater–Sohn
S. 5–S. 29, Z. 14	ständige Demütigungen des Sohnes durch seinen Vater (Popol)
S. 31, Z. 12–S. 40, Z. 17	Gespräch Vater–Sohn, Schicksal des jüdischen Volkes (S. 33, Z. 18–34, Z. 10)
S. 43, Z. 16–S. 59, Z. 14	Momos Freundschaft mit M. Ibrahim und dessen Bedeutung für seine Sozialisation Verschwinden und Selbstmord des Vaters (S. 45, Z. 6 –S. 48, Z. 2) Erlebnisse des Vaters während der Occupation (S. 48, Z. 13–S. 49, Z. 5) Gespräch Momos mit seiner Mutter (S. 49, Z. 15–S. 54, Z. 9)
„Le Paris joli"	Momo gewinnt Einblick in die Struktur der französischen Gesellschaft
S. 29, Z. 15–S. 31, Z. 11	Sufismus
Normandie	Gemeinsamkeiten zwischen unterschiedlichen Glaubensrichtungen
S. 40, Z. 18–S. 43, Z. 15	Toleranz (S. 43, Z. 11 ff.)
Le Croissant d'Or	Bildungsreise
S. 59, Z. 15–S. 72, Z. 16	M. Ibrahims Lebensphilosophie (S. 61, Z. 14 ff.) vertiefter Einblick in islamische Mystik Momo innerlich von seiner bedrückenden Vergangenheit befreit, kann nunmehr seinen Eltern verzeihen Tod M. Ibrahims

ÄUSSERER RAHMEN	BEZIEHUNGEN – EREIGNISSE – ERFAHRUNGEN
Rue Bleue	Momos Rückkehr in die Rue Bleue
S. 72, Z. 17–S. 75, Z. 6	Übernahme von M. Ibrahims Geschäft Aussöhnung mit seiner Mutter

Der erste Satz

Der vom Erzähler gewählte abrupte, dramatische, in das Geschehen unvermittelt hineinführende erste Satz: „À onze ans, j'ai cassé mon cochon et je suis allé voir les putes" (S. 5, Z. 1 f.) verlangt aus der Sicht des Lesers nach einer Erläuterung dessen, was zu diesem Verhalten führt, widerspricht es doch unseren herkömmlichen Vorstellungen in Bezug auf die Freizeitgestaltung eines elfjährigen Jungen.

Der folgende Abschnitt (S. 5, Z. 12–S. 6, Z. 10) hat genau diese Funktion: er trägt das Material zusammen – Fakten, Gefühle, Beschreibung zwischenmenschlicher Beziehungen – das den zunächst isoliert dastehenden Handlungseinsatz dem Leser begreiflich macht und gleichzeitig eine Art Unterbau für zukünftiges Geschehen darstellt. Somit ist die zu Beginn geschilderte Situation nicht mehr isoliert zu betrachten, nicht nur eine bloße Episode, sondern das Ergebnis der in der Folge dargebotenen besonderen Umstände. Der Leser erhält gewissermaßen Haltepunkte, mit deren Hilfe er zu einem tieferen Verständnis dieses Jungen gelangt: aus seiner anfänglichen Überraschung, vielleicht sogar seinem Schockiertsein, entwickelt sich wachsende Empathie und Sympathie mit dem auf sich selbst gestellten Jungen, er leidet mit ihm, erhofft sich für sein weiteres Leben eine verständnisvollere Einstellung der Erwachsenen ihm gegenüber.

Ende seiner Kindheit

Der Teddybär, den er der Prostituierten als Geschenk für genossene Liebesdienste überreicht, symbolisiert das Ende seiner Kindheit: „j'étais un homme, j'avais été baptisé entre les cuisses d'une femme" (S. 7, Z. 18 ff.). Der erwachsene Erzähler schlüpft hier in die Rolle eines Elfjährigen, übernimmt dessen Sicht, wohl wissend, dass die „biologische Mannwerdung" nur vordergründig „Erwachsensein" bedeutet: zum „Mann" wird man erst durch den Erwerb moralisch-sittlicher Werte.

M. Ibrahim tritt in Momos Leben

Zu Beginn dieses für den Jungen entscheidenden Abschnitts tritt M. Ibrahim in sein Leben: „C'est à peu près au même moment que j'ai connu monsieur Ibrahim." (S. 8, Z. 9 f.) Das einleitende „c'est" statt des sprachlich auch möglichen: „À peu près au même moment" verleiht der Aussage besonderen Nachdruck, weist darauf hin, dass dieser Mann von besonderer Wichtigkeit sein wird. Erst aus einem flüchtigen Gespräch zwischen beiden erfahren wir den Namen des Erzählers: Moïse. Gleich zu Beginn ihrer Bekanntschaft „tauft" M. Ibrahim ihn um in „Momo" – wichtig für die Struktur der Erzählung und die Erwartungshaltung des Lesers.

Moïse – Momo

„– Je ne m'appelle pas Momo, mais Moïse. [...] – Je sais que tu t'appelles Moïse, c'est bien pour cela que je t'appelle Momo, c'est moins impressionnant" (S. 11, Z. 5 ff.).

Monsieur Ibrahim geht es nicht darum, dem Jungen einen weniger beeindruckenden Namen zu geben: die Aufgabe seines alten jüdischen Namens weist auf einen Neubeginn hin, stellt einen Akt der Befreiung dar, Befreiung von der durch seinen Vater geprägten freudlosen Welt. Der Name Momo, Kurzform für Mohammed, bedeutet somit für den Jungen, so darf der Leser vermuten, den auch äußerlich fassbaren Beginn einer neuen Existenz. Der Leser wird psychologisch auf mögliche künftige Vorgänge eingestimmt, seine Erwartung wird in eine bestimmte Richtung gelenkt: er stellt sich die Frage, inwieweit Momos weitere Entwicklung durch M. Ibrahim beeinflusst werden wird, ob sie durch Wertvorstellungen des Islam geprägt sein wird. Für den Erzähler besteht diese Zukunftsungewissheit nicht: das in dem gesamten Erzählvorgang präsentierte Geschehen ist für ihn etwas Vergangenes, Bekanntes, die

Beginn einer neuen Existenz

handelnden Personen und der Rezipient dagegen befinden sich im Zustand echter Ungewissheit, wie sie eben der Realität des Lebens entspricht.

Entwicklung eines Vertrauensverhältnisses

Ganz langsam, fast unmerklich, entwickelt sich zwischen den beiden, dem am Anfang des Lebens stehenden Momo, und dem auf ein langes Leben zurückblickenden, über einen reichen Erfahrungsschatz verfügenden M. Ibrahim ein Vertrauensverhältnis – beide verstehen sich ohne viele Worte: „Ainsi allait la conversation. Une phrase par jour. Nous avions le temps.“ (S. 11, Z. 20 f.) Das Auftreten Brigitte Bardots unterbricht das dahinfließende Alltagsleben. Hierbei handelt es sich nicht um eine bloße Episode, sondern um ein für Momos Entwicklung wichtiges Geschehen. Alle Einwohner des Viertels sind von einer Art Massenhysterie erfasst, nicht mehr fähig zu rationalem Handeln (S. 12, Z. 5 ff.). Der einzelne verliert sich an die Masse, gibt seine eigene Identität auf, lässt sich von Leidenschaften hinreißen. Demgegenüber bewahrt M. Ibrahim, auch wenn er sich dem Sexappeal dieser Frau nicht ganz entziehen kann, seine innere Würde. Als die Bardot seinen Laden betritt, verhält er sich korrekt, biedert sich jedoch nicht an, wirkt souverän, zeigt ein Verhalten, das offensichtlich auch den verwöhnten Filmstar beeindruckt. Sein Humor und seine geistige Beweglichkeit, Ausdruck seiner inneren Freiheit, bewahren ihn davor, seine innere Mitte zu verlieren.

M. Ibrahim – Brigitte Bardot: Bedeutung für Momos Entwicklung

Momo spürt trotz seiner Jugend, dass dieser einfache Mann, gesellschaftlich auf einer niederen Stufe als Brigitte Bardot stehend, der wahre Star ist – seine Gesinnung macht ihn dazu, nicht sein sozialer Status. Momo hat in frühem Alter gelernt, wahre, innere Größe von nur auf Äußerlichkeiten beruhender Anerkennung zu unterscheiden. Die vom Erzähler in der Rückschau auf sein Leben als mitteilenswert ausgewählten Geschehnisse sind in ihrer Gesamtheit als Bausteine anzusehen, die Momo in seinem Reifeprozess prägen.

Reifeprozess

Sie führen zu seiner langsamen inneren Befreiung aus einem deprimierenden familiären Umfeld, stärken sein Selbstwertgefühl, ermöglichen es ihm, menschliches Verhalten kritisch zu hinterfragen.

Kurz nach Beendigung der Dreharbeiten mit Brigitte Bardot geschieht etwas scheinbar völlig Belangloses: Momo bringt im Prostituiertenviertel einen Handtaschendieb zu Fall, eine auf den ersten Blick bloßer Unterhaltung dienende Slapstick-Szene. Aber nicht das ist das Entscheidende: zum ersten Mal erfährt Momo, dass außer M. Ibrahim auch andere von ihm Notiz nehmen, ihn ernst nehmen, wenn auch in einem etwas anrüchigen Umfeld (S. 21, Z. 2 ff.). Die bisher den Charakter der Erzählung bestimmende düstere Atmosphäre erfährt hier eine Aufhellung.

Auffächerung der wichtigen Entwicklungsstationen Momos

Der Ich-Erzähler macht uns nach und nach mit den wichtigen Stationen seiner Entwicklung bekannt. Breiten Raum nimmt dabei Momos „Charmeoffensive" ein, die durch M. Ibrahim in einer für den Jungen entscheidenden Phase seines Lebens angestoßen wird. Momo läuft Gefahr, sich gegenüber seiner Umwelt immer mehr zu verhärten, sich abzuschotten, sich nur auf M. Ibrahim als Vertrauensperson zu verlassen (S. 21, Z. 1 f.). Durch eine Bemerkung, die sich rein zufällig zu ergeben scheint – „Pourquoi est-ce que tu ne souris jamais, Momo? me demanda monsieur Ibrahim." (S. 21, Z. 9 f.) –, wird in dem Jungen ein Entwicklungsprozess in Gang gesetzt, der seine ursprüngliche Einstellung zu seinen Mitmenschen vollkommen verändern wird. Die beschriebene Ereigniskette ist in sich klar aufgebaut, läuft auf einen Spannungshöhepunkt hin: seine Lehrer, angetan von seinem freundlichen Verhalten, begegnen ihm nunmehr mit Wohlwollen und Verständnis: „On ne me traite plus comme un cafard" (S. 24, Z. 2 f.), desgleichen die Prostituierten, die ihm ja auch schon vorher zugetan waren.

Zusammentreffen von Vater und Sohn

Entscheidend für Momo ist das Zusammentreffen mit seinem Vater, sein Versuch, endlich seine Zuneigung zu gewinnen, das Eis zwischen ihnen zum Schmelzen zu bringen. Gerade dieses Zusammentreffen wird breit ausgeführt. Der Junge stellt sich vor seinem Vater auf, möchte von ihm wahrgenommen werden, und schenkt ihm ein strahlendes Lächeln – der Leser bangt mit Momo, erhofft sich eine freundliche Geste des Vaters – und erlebt seine erste Enttäuschung: „Toi, tu as fait une connerie [...] Il me dévisage avec malaise“ (S. 25, Z. 12 ff.) – der Vater hat von seinem Sohn ein fest gefügtes, rein negatives Bild, doch Momo will nicht wahrhaben, was er zu ahnen scheint. Wir können miterleben, wie er zwischen Hoffen und Bangen schwankt – trotz seines pseudomännlichen Gehabes gegenüber den Prostituierten ist er eben doch noch ein Kind, angewiesen auf Zuneigung und Liebe. Er interpretiert jedes Wort seines Vaters, jede Geste als Hinweis auf ihre innere Annäherung: „Approche-toi, me dit-il. [Die Worte des Vaters dienen als retardierendes Moment, bauen einen neuen Spannungsbogen auf.] Peut-être veut-il m'embrasser? [...] Je suis près de mon père, contre son épaule. Ses cils battent dans ses yeux.“ (S. 25, Z. 18 ff.–S. 26, Z. 5).

Vater hat negatives Bild von seinem Sohn

Momos Gefühlslage

Sollte das fast unmöglich Erscheinende wahr werden? Man könnte meinen, dass dem Vater die Tränen kommen. Wie ein Schlag muss die Bemerkung seines Vaters, die bewusst darauf zielt, ihn zu demütigen, den Jungen treffen: „Il va falloir te mettre un appareil. Je n'avais jamais remarqué que tu avais les dents en avant.“ (S. 26, Z. 7 f.) Statt diesen entscheidenden Moment zu nutzen, in dem Momo ihm, nicht nur körperlich – so nah wie nie zuvor ist, statt ihn in seine Arme zu schließen, stößt er ihn zurück, vermittelt ihm ein Gefühl körperlicher Minderwertigkeit. In seiner Verzweiflung sucht er M. Ibrahim auf – der Kontakt zwischen beiden vertieft sich nach diesem endgültigen Bruch mit seinem Vater.

Endgültiger Bruch mit seinem Vater

Damit er innerlich Abstand gewinnt, um diese Enttäuschung zu verarbeiten, lädt ihn M. Ibrahim zu einem Spaziergang in das Pariser Stadtzentrum ein. Das im Titel angesprochene und die gesamte

Erzählung als Leitmotiv durchziehende Thema, nämlich der Einfluss des Glaubens auf das Denken und Handeln eines Menschen, in diesem Falle M. Ibrahims „Je sais ce qu'il y a dans mon Coran", erfährt während des Aufenthaltes in Paris und nach der Rückkehr in die Rue Bleue eine Vertiefung. Veranlasst durch eine überraschende Beobachtung – M. Ibrahim bestellt in einem Café einen Anisschnaps – beschäftigt sich Momo zum ersten Mal in seinem Leben mit religiösen Fragen: mit dem Sufismus, einer durch den Mystizismus geprägten Glaubensrichtung des Islam, und, wenig später, im Gespräch mit seinem Vater, mit dem Judentum und der allgemeinen Frage nach der Existenz Gottes (S. 31, S. 33).

Thematisches Leitmotiv: Einfluss des Glaubens auf das Denken und Handeln eines Menschen

Sufismus

Die Arbeitslosigkeit des Vaters und insbesondere natürlich sein plötzliches Verschwinden stürzen Momo in eine tiefe Sinnkrise (S. 35–37; vgl. auch Kap. 3.6). Der Abschiedsbrief des Vaters, der Satz: „Je n'ai rien en moi pour faire un père. Popo…" (S. 36, Z. 21 f.) macht den Leser stutzig, fügt er sich doch in eine Reihe von Einzelbeobachtungen ein, die für ihn nicht wirklich einzuordnen sind. Auf Momos Frage „Papa, tu crois qu'il m'aurait aimé, Popol?" (S. 20, Z. 18) reagiert der Vater verwirrt, erschrocken: „Mon père me dévisage […] avec effarement" (S. 20, Z. 19 f.) – er scheint etwas zu verbergen, dessen Aufdeckung er fürchtet.

Momos tiefe Sinnkrise

Abschiedsbrief des Vaters

Als Momo Monsieur Ibrahim bittet, ihm etwas über Popol zu erzählen, zeigt dieser eine uns überraschende Reaktion: „Il a donné un coup sec dans sa caisse, comme pour éviter qu'elle parle." (S. 27, Z. 4 f.) Und warum unterbricht der Vater seinen Brief genau dort, wo er offensichtlich über Momos Bruder sprechen will: „Popo…" Wer ist, so fragt sich der Leser, dieser Popol? Der Erzähler, der ja auf Vergangenes zurückblickt, lüftet nur langsam den Schleier des Geheimnisses, der diese Gestalt umgibt, schafft somit erhöhte Spannung: in Momos Gespräch mit der Mutter erfahren wir dann, dass dieser Popol nie existiert hat. Erst im Rückblick kann somit der

M. Ibrahims Reaktion bei Momos Erwähnung des Bruders Popol

Rezipient das Verhalten der Akteure einordnen, wird sich über die Motive klar, die zu den jeweiligen Verhaltensweisen geführt haben.

Reise in die Normandie als Befreiung aus bedrückendem Umfeld

Die Abreise des Vaters, ebenso das enttäuschende Ende seiner Beziehung zu Myriam (S. 41, Z. 19 f.) stellen für Momo eine ungeheure innere Belastung dar. Die Reise in die Normandie, zu der ihn M. Ibrahim genau zu diesem Zeitpunkt einlädt, ist für den Jungen existentiell wichtig, bedeutet eine wenn auch nur zeitweilige Befreiung aus einem ihn bedrückenden Umfeld. Gleichzeitig erweitern M. Ibrahims Erklärungen zu der Beschneidung von Juden und Mohammedanern (S. 43, Z. 4 ff.) Momos Kenntnisse über seine eigene jüdische Religion und über den muslimischen Glauben seines Freundes, fördern somit generell sein Verständnis für andere Glaubensrichtungen und kulturelle Unterschiede, legen den Grund für tolerantes Verhalten gegenüber seinen Mitmenschen.

Selbstmord seines Vaters

Wenige Wochen nach der Rückkehr aus der Normandie informiert man Momo über den Selbstmord seines Vaters, eine Nachricht, die ihn nicht wirklich erschüttert – sein Hass auf seinen Vater begräbt jede andere Gefühlsregung (S. 48, Z. 9 ff.). Damit ihn diese tiefsitzende Abneigung nicht für den Rest seines Lebens belastet, klärt ihn M. Ibrahim über das auf, was seinem Vater während der deutschen Besatzung widerfahren ist – ob die beiden Männer direkt darüber gesprochen haben, ob M. Ibrahim seine Kenntnisse aus anderen Quellen hat, erfahren wir nicht. Schon zu einem früheren Zeitpunkt konnte man ahnen, dass der Vater Schreckliches erlebt haben muss. Bei Momos Aussage zu seinem eigenen Verhalten: „J'avais appris à regarder les gens avec les yeux de mon père. Avec méfiance, mépris …“ (S. 21, Z. 1 f.) stellt sich der Leser die Frage: warum dieses Misstrauen, diese Verachtung des Vaters gegenüber anderen? Auch dieses Beispiel ist ein Beleg für den kunstvollen Aufbau der Erzählung, in deren Verlauf Hinweise, die später genauer ausgeführt werden, den Leser beschäftigen, seine Beurtei-

Rätselhaftes Verhalten des Vaters

lung der handelnden Personen beeinflussen. Derartige Andeutungen, die erst im Rückblick auf den Gesamtvorgang ihre Auflösung erfahren, schaffen Spannung, gliedern den Ablauf der Erzählung. Wie wird Momo das, was er über die Vergangenheit seines Vaters erfahren hat, innerlich verarbeiten? Werden Ablehnung und Hassgefühle über den Tod des Vaters hinaus fortdauern oder wird er in der Lage sein, für diesen Mann Verständnis aufzubringen, ihm sogar zu verzeihen? Das ist die Frage, die sich der Leser an dieser Gelenkstelle der Handlung stellt, wodurch das folgende Geschehen mit vergangenen Begebenheiten verknüpft wird.

Gelenkstelle der Handlung

Kurz nachdem Momo Genaueres über das Leben seines Vaters erfahren hat, erscheint seine Mutter in der Wohnung der Rue Bleue. Wie die Worte M. Ibrahims, so wird auch das Gespräch mit ihr bisher dem Jungen und dem Leser Unbekanntes aus vergangenen Jahren zu Tage fördern. Es ist Momos erste bewusste Begegnung mit ihr – nur an zwei Stellen der Erzählung wurde sie vorher kurz erwähnt: Momo bezeichnet sich als „le fils d'un avocat sans affaires et sans femme" (S. 6, Z. 7 f.), setzt uns also über seine Situation in Kenntnis. Nachdem sein Vater ihn verlassen hat, spricht er von seiner Mutter: „Abandonné deux fois, une fois à la naissance par ma mère" (S. 37, Z. 19 ff.) – eine vorwurfsvolle, seine Enttäuschung widerspiegelnde Bemerkung, die den Rezipienten darauf einstimmt, dass Momos Zusammentreffen mit ihr sicherlich nicht von überschwänglicher, ungetrübter Wiedersehensfreude geprägt sein wird.

Momos Mutter taucht auf

Hinsichtlich des dramatischen Aufbaus und der jede Nuance im Verhalten von Mutter und Sohn herausarbeitenden sprachlichen Gestaltung verdient diese Szene besondere Beachtung:

Dramatischer Aufbau und besondere sprachliche Gestaltung der Mutter-Sohn-Szene

Während der von Momo durchgeführten Renovierungsarbeiten erscheint eine Frau in seiner Wohnung: „Une après-midi, alors que j'avais ouvert toutes les fenêtres pour faire partir les odeurs d'acrylique, une femme entra dans l'appartement." (S. 49, Z. 15 ff.)

Diese Zeilen, die Exposition, machen uns mit Ort, Zeit und Zahl der Personen bekannt. Der auf diese reine Information folgende Abschnitt bildet den Auftakt für den weiteren Textverlauf: die Aufmerksamkeit des Lesers wird geweckt, seine innere Anteilnahme, daneben wird er atmosphärisch in das folgende Geschehen eingestimmt – der Kontakt zwischen ihm und dem Erzähler wird gewissermaßen verstärkt: „Je ne sais pas pourquoi, mais à sa gêne, à ses hésitations, à sa façon de pas oser passer entre les escabeaux et d'éviter les taches sur le sol, j'ai tout de suite compris qui c'était." (S. 49, Z. 17 f.)

Die sprachliche Gestaltung dieser wenigen Zeilen weist uns auf die innere Unsicherheit dieser Frau hin, ihr Bemühen, nichts Falsches zu machen, den Jungen auf keinen Fall zu verärgern. Sie ist gehemmt, wagt kaum, sich zu bewegen, das Sprechen fällt ihr schwer: „Elle finit par se racler faiblement la gorge" (S. 50, Z. 3), „Je cherche Moïse, a dit ma mère" (Z. 6) – der Name ihres Sohnes, den sie als Baby verlassen hat, kommt ihr nur schwer über die Lippen (S. 50, Z. 7 f.), die Worte „Je suis sa mère" (S. 50, Z. 11) sind ein indirektes Eingeständnis ihres Versagens als Mutter.

Die weitere Unterhaltung zwischen Mutter und Sohn (bis S. 54, Z. 9) hat retardierende Funktion. Die Mutter scheint zu ahnen, um wen es sich in Wirklichkeit bei dem ihr gegenüberstehenden „Momo" handelt: „Mais il n'y a pas un garçon, ici, qui s'appelle Moïse?" (S. 51, Z. 12 f.) Momo lässt sie im Ungewissen über seine Identität, nicht fähig, Vergangenes zu vergessen und ihr zu verzeihen. Aber auch das Versteckspiel mit seiner Mutter ist letztendlich nur vordergründiger Natur. Ständig kreist sein Denken um Popol, den vollkommenen Bruder; er muss Gewissheit über ihn haben, und so hat seine Bemerkung, Moïse sei zu seinem Bruder gefahren, einen sehr ernsten Hintergrund – neben seinem Vater und M. Ibrahim kann sie ihm Genaueres über Popol erzählen. Die Aussage der

Momos vollkommener Bruder: Popol

Mutter stellt den dramatischen Höhepunkt dieses Gesprächs dar: „Mais je n'ai jamais eu d'enfant avant Moïse. Je n'ai jamais eu de Popol, moi." (S. 52, Z. 16 f.) Wie vom Schlag getroffen sind beide nach dieser Enthüllung – das Bild der schwankenden Frau, der beiden Schutz suchenden Personen beschreibt besser als alle Worte ihre Hilflosigkeit vor dem Abgrund an Niederträchtigkeit, der sich vor ihnen auftut. Momos sichtbare Erschütterung klärt die Mutter zweifelsohne darüber auf, dass sie es mit Moïse, ihrem Sohn, zu tun hat. Sie spricht über ihre Ehe, bittet ihn, sprachlich verklausuliert, um Verzeihung (S. 53, Z. 15 f.).

Dramatischer Höhepunkt des Gesprächs: Popol existierte nie

Wie sich das Verhältnis zwischen beiden entwickeln wird, bleibt in der Schwebe. Auch wenn Momo sich sicher vorstellen kann, dass das Zusammenleben mit seinem Vater für seine Mutter, wie für ihn auch, die Hölle gewesen sein muss, so hat er doch zu sehr unter ihrer Abwesenheit gelitten, unter fehlender Zuwendung und mütterlicher Wärme, als dass er den Schritt zu einer endgültigen Versöhnung mit ihr jetzt schon gehen könnte: „Elle s'approche de moi. Je sens qu'elle voudrait m'embrasser: Je fais celui qui ne comprend pas." (S. 54, Z. 5 f.) Seine letzten Worte an sie sind jedoch als Hinweis auf eine mögliche Aussöhnung zu verstehen: „Elle me demande d'une voix suppliante: – Tu lui diras, à Moïse? – Ça se peut." (S. 54, Z. 7 ff.) Ein neues Spannungspotential wird durch diesen offenen Schluss aufgebaut.

Verhältnis Momo – Mutter

Diese Unterhaltung zwischen Mutter und Sohn bezieht ihre Spannung nicht zuletzt aus dem völlig unterschiedlichen Informationsstand der Akteure und des Lesers im Hinblick auf Handelnde und Handlungszusammenhänge. Im Gegensatz zur Mutter weiß der Leser, dass es sich bei Moïse/Momo um ein- und dieselbe Person handelt, wohingegen beide erst durch die Mutter über ihre Gründe, den Vater bzw. Ehemann zu verlassen, in Kenntnis gesetzt werden. Momo muss annehmen, dass Popol eine reale Figur ist, die Mutter

Unterschiedlicher Informationsstand Leser – Akteure

weiß die ganze Wahrheit, der Rezipient hegt Zweifel an der Existenz Popols, fundierte Kenntnisse fehlen ihm aber. Alles, was den Jungen bisher bedrückte – eine freudlose Kindheit, das ihm durch den Vater ständig vermittelte Gefühl seiner absoluten Nutzlosigkeit, Minderwertigkeit, den ihn traumatisierenden Vergleich mit einer Phantomfigur –, hat er nunmehr nach dem Gespräch mit der Mutter hinter sich gelassen.

Neuanfang für Momo: M. Ibrahim adoptiert ihn

Die Adoption durch M. Ibrahim markiert einen vollkommenen Neubeginn in Momos Leben. Während der Ausflug in das Pariser Stadtzentrum, der kurze Aufenthalt in der Normandie, Versuche M. Ibrahims waren, den Jungen zeitweilig aus einem bedrückenden Umfeld zu befreien, bedeutet die nun ins Auge gefasste Reise in den Orient ein Eintauchen in eine völlig neue Welt, zugleich Bildungs- und Initiationsreise. Momo lernt unterschiedliche soziale Strukturen kennen, daneben zahlreiche Zeugnisse kulturellen Schaffens. Prägend für den im jüdischen Glauben erzogenen Jungen wird die Erfahrung mit einer für ihn völlig neuen Glaubensrichtung, dem Sufismus, sein.

Reise in den Orient: Bildungs- und Initiationsreise

Wechsel von trauriger zu heiterer Atmosphäre

Die bisher in der Erzählung vorherrschende traurige, teilweise sogar deprimierende Atmosphäre ist verschwunden, etwas Heiteres, Liebevolles liegt über dem Ganzen (vgl. Kap. 3.6). Eine scheinbar belanglose, nichtssagende Bemerkung M. Ibrahims, in ihrer vollen Tragweite erst gegen Ende der Erzählung zu erfassen, stimmt jedoch den Leser, wenn auch nur für einen kurzen Augenblick, nachdenklich: „Quinze jours? Mais ce n'est pas possible; je serai mort dans quinze jours!“ (S. 57, Z. 18 f.) Eine derartige Reise verlangt Vorbereitung – die humorvolle Beschreibung des Autokaufs, die ersten Fahrversuche M. Ibrahims dienen als Illustration für den nunmehr gehaltlich veränderten Charakter der Erzählung. Bis zum Tod des Vaters und den Enthüllungen der Mutter haben wir es mit einem Jungen zu tun der, durch den Vater ständig erniedrigt und gedemütigt, am Leben zu verzweifeln scheint, der seelisch zu verkümmern drohte, in einer Welt lebte, die ohne M. Ibrahim für ihn unerträglich gewesen wäre.

Befreit von dieser Vergangenheit ist er nun, voller Lebensfreude, offen für neue Eindrücke. M. Ibrahim nutzt diese Fahrt, um Momo, von seinen eigenen Erfahrungen und von Reisebeobachtungen ausgehend, Anregungen zur zukünftigen Lebensgestaltung und Lebensbewältigung zu geben, ihm zu vermitteln, worin wahres menschliches Glück besteht. M. Ibrahim findet auf dieser Reise den Tod – nach vielen Jahren im fremden Land kehrt er zu seinen Wurzeln zurück, beendet ein lange Lebensreise in dem Wissen, ein erfüllten Leben im Einklang mit Gottes Geboten gelebt zu haben. Der Koran, das Wort Gottes, hat ihn zeit seines Lebens begleitet, Gott wird ihn in sein Reich aufnehmen, dessen ist er sich sicher. Momo, geprägt durch M. Ibrahims Lebensphilosophie, hat auf dieser Reise zum Goldenen Halbmond Zugang zu metaphysischen Gewissheiten gefunden, die aus ihm einen lebensbejahenden jungen Mann gemacht haben und ihn nunmehr befähigen werden, ein sinnerfülltes Leben zu führen.

Lebensgestaltung und Lebensbewältigung

3.4 Personenkonstellation und Charakteristiken

ZUSAMMEN-FASSUNG

Hauptpersonen sind der elfjährige jüdische Junge Moïse (Momo), M. Ibrahim sowie Moïses Vater.

Momos Vater ist ein verschlossener, zu Depressionen neigender Rechtsanwalt mittleren Alters, als Kind jüdischer Eltern durch Erlebnisse während der deutschen Besatzung Frankreichs im Zweiten Weltkrieg traumatisiert. Nach der Trennung von seiner Frau lebt er alleine mit seinem Sohn, für den er jedoch keine Liebe empfindet. Durch den ständigen Vergleich mit dem in Wirklichkeit nicht existierenden „Musterbruder" Popol setzt er Momo bewusst herab, sieht in ihm den Versager.

Momo vereinsamt im Laufe der Jahre, sucht Zuwendung bei den Prostituierten in seinem Stadtviertel. Die ständige Kritik an seinem Verhalten hat ihn verunsichert und ihn innerlich immer weiter von seinem Vater entfernt.

M. Ibrahim, ein türkischstämmiger Gemischtwarenhändler in der Rue Bleue, wird zu Momos Freund und Ratgeber, adoptiert ihn sogar nach dem Selbstmord des Vaters. Durch ihn gewinnt der Junge Lebensfreude und Selbstvertrauen – nach dem Tod von M. Ibrahim übernimmt er dessen Geschäft in der Rue Bleue.

Großeltern

→ werden als Juden deportiert

→ sterben in einem Vernichtungslager

Eltern geschieden

Mutter

→ verlässt Ehemann und Kind kurz nach der Geburt des Jungen

→ offensichtlich kein Interesse an der Entwicklung ihres Sohnes

→ sucht nach vielen Jahren Kontakt

Vater

→ liebloses Verhalten seinem Sohn gegenüber

→ permanente gezielte Demütigungen des Jungen: stellt den von ihm erfundenen Bruder Popol als leuchtendes Vorbild dar

→ leidet unter den während der deutschen Besatzung Frankreichs erlebtem schrecklichen Schicksal der Eltern

→ verzweifelt am Leben, begeht Selbstmord

Miriam

→ recht oberflächlich wirkender Teenager

→ Kontaktaufnahme Momos ist Versuch, seiner Einsamkeit zu entrinnen

Momo

→ elfjähriger Junge

→ auf sich selbst gestellt

→ ohne Kontakt zu seiner Umgebung

Popol

→ vom Vater erfundener Bruder

→ Verkörperung aller positiven Eigenschaften

→ soll Momo seine eigene Minderwertigkeit vor Augen führen

M. Ibrahim

→ voll Herzensgüte

→ fühlt sich für den innerlich vereinsamten Jungen verantwortlich

→ gibt ihm das Gefühl der Geborgenheit

→ befreit Momo von seinem Trauma Popol

→ stärkt sein Selbstbewusstsein

→ begleitet Momo als Mentor im Verlauf seines Sozialisationsprozesses

→ lehrt ihn Achtung vor Gottes Schöpfung

Momos Verhältnis zu seinen leiblichen Eltern und seinem Adoptivvater

Mutter

→ keine bewusste Erinnerung an sie
→ hat ihr nie verziehen, ihn verlassen zu haben (S. 37, Z. 19 ff.)
→ distanziertes Verhalten ihr gegenüber bei ihrem Erscheinen in der Wohnung (S. 49, Z. 15 bis S. 54, Z. 9)
→ verzeiht ihr (S. 65, Z. 11 f.)
→ Annäherung an seine Mutter (S. 73, Z. 7 bis S. 74, Z. 23)

Vater

→ bringt seinem Vater wenig Achtung entgegen (S. 6, Z. 7 f.)
→ fühlt sich von ihm ausgenutzt (S. 6, Z. 7)
→ Lieblosigkeit des Vaters lässt ihn erschauern (S. 19, Z. 1 f.)
→ leidet unter ständiger Herabsetzung und Verunglimpfung durch den Vater, dem permanenten Vergleich mit dem Phantom Popol (S. 20, Z. 4 ff.)
→ bemüht sich vergeblich, Zugang zu ihm zu gewinnen (S. 26, Z. 4 f.)
→ Verschwinden des Vaters stürzt ihn kurzzeitig in Verzweiflung (S. 38, Z. 3 ff.)
→ innere Loslösung vom Vater (S. 44, Z. 6 f.)
→ reagiert innerlich unberührt auf die Nachricht vom Selbstmord seines Vaters (S. 45, Z. 25 bis S. 46 Z. 3)
→ verzeiht ihm (S. 65, Z. 10)

Monsieur Ibrahim

→ für Momo zunächst nur der Kaufmann, den er bestiehlt, dem er mit Vorurteilen und einer gewissen Missachtung begegnet (S. 10, Z. 5)

→ M. Ibrahim beeindruckt ihn durch seine Menschenkenntnis (S. 10, Z. 13 f.)
→ langsame Annäherung der beiden (S. 11, Z. 20)
→ (erkennt Souveränität und innere Würde dieses Mannes (S. 15, Z. 6 ff.)
→ Freundschaft zwischen den beiden (S. 15, Z. 15)
→ erfasst, dass M. Ibrahim wichtig für seine Sozialisation ist (S. 16, Z. 11 ff.)
→ befreit sich dank M. Ibrahims Zuspruch von seinem Trauma Popol, wird selbstbewusster (S. 27, Z. 6 ff.)
→ wird sich der Gemeinsamkeiten zwischen unterschiedlichen Glaubensrichtungen bewusst: Toleranz (S. 43, Z. 11 ff.)
→ gewinnt dank M. Ibrahim Verständnis für die besonderen Lebensumstände seines Vaters (S. 48, Z. 13 bis S. 49, Z. 5)
→ Adoption bedeutet Beginn eines unbeschwerten Lebens (S. 55, Z. 6 bis S. 68, Z. 9)
→ tiefe Trauer beim Tode seines Adoptivvaters (S. 69, Z. 11 bis S. 70, Z. 17)

Momos Vater

Der elfjährige Momo, Kind jüdischer Eltern, lebt alleine mit seinem Vater in einem vorwiegend von Juden bewohnten Stadtviertel um die Rue Bleue in Paris. Vater und Mutter haben sich gleich nach seiner Geburt getrennt, so dass der Vater bis zu seinem Eintritt ins Jugendalter seine einzige Bezugsperson ist.

Gespannte Atmosphäre zwischen Vater und Sohn

Zwischen Vater und Sohn, das enthüllen bereits die ersten Abschnitte der Erzählung, herrscht eine angespannte Atmosphäre – Abneigung und Misstrauen prägen ihren Alltag (S. 5, Z. 3 ff.). Momo distanziert sich innerlich von der Lebensphilosophie seines Vaters, jedoch ist sein eigenes Verhalten ebenfalls negativ zu beurteilen, denn offensichtlich zweigt er von dem ihm vom Vater zur

Verfügung gestellten Haushaltsgeld regelmäßig einen bestimmten Betrag für sich selbst ab (S. 5, Z. 13–S. 6, Z. 2). Es ist offensichtlich, dass er M. Ibrahim, den „Kaufmann um die Ecke", bestiehlt, und dann mit seinem Vater falsch abrechnet. Vor sich selbst versucht er, sein Verhalten zu rechtfertigen, ohne zu erkennen, dass seine Begründungen unsinnig sind, dass seine zur Schau getragene Entrüstung scheinheilig wirkt, niemanden überzeugen kann: „Puisque j'étais déjà soupçonné de voler, autant le faire." (S. 6, Z. 9 f.) Sein abfälliges Urteil über M. Ibrahim (S. 10, Z. 5), das als Entschuldigung für seine ständigen Diebstähle herhalten soll, ist durch gängige Vorurteile der Umgebung gegenüber Menschen arabischer Herkunft geprägt.

Momo benötigt Anleitung

Momo, das zeigen seine Verhaltensweisen sehr genau, ist an einem Punkt seiner Entwicklung angekommen, an dem er dringend Menschen benötigt, die inneren Zugang zu ihm finden und ihm ein allgemeingültiges Wertesystem vermitteln können. Sein Vater, das wird von Anfang deutlich, hat diese Rolle bisher nicht ausfüllen können und wird dem Jungen auch für die Zukunft keine Hilfe sein. Von ihm hat Momo in den zurückliegenden Jahren keine Liebe empfangen, nicht die geringste Zuwendung, keinen Dank dafür, dass er sich mit nur elf Jahren um den gesamten Haushalt kümmert, daneben aber auch noch seinen schulischen Verpflichtungen nachkommen muss.

Schwierige familiäre Lage

Vater ist mehr an seinen Büchern als an Momos Entwicklung interessiert

Auch in der Schule findet sich niemand, der sich gezielt um ihn kümmert, Verständnis zeigt für seine schwierige familiäre Lage, die Momo verzweifeln lässt (S. 6, Z. 3 ff.). Eine bedrückende Atmosphäre empfängt tagtäglich Momo bei der Rückkehr aus der Schule (S. 36, Z. 16; S. 19, Z. 4 ff. – vgl. Kap. 3.6). Kindliche Neugier wird im Keim erstickt – die zahlreichen Bücher, in der Wohnung, durch die er unter Anleitung des Vaters Kenntnisse erwerben, Anregungen zu geistiger Arbeit erhalten könnte, bleiben ihm verschlossen

– dem „Wohlbefinden" seiner Bücher widmet der Vater mehr Aufmerksamkeit als der geistig-seelischen Entwicklung seines Sohnes. Er umgibt sich mit der Aura des bildungsbeflissenen Großbürgers, verbringt die Abende im Licht einer Leselampe, vertieft in seine wissenschaftlichen Werke, abgeschottet von Momo, jedes Gespräch unterbindend, nicht willens und innerlich wohl auch nicht fähig, seinem Kind etwas von seiner kostbaren Zeit zu widmen, sich ihm zu öffnen: „Il était clos dans les murs de sa science, il ne faisait pas plus attention à moi qu'à un chien [...] – Moïse, tais-toi. Je lis. Je travaille, moi ... Travailler, ça c'était le grand mot, la justification absolue ..." (S. 19, Z. 12 ff.). „J'avais toujours froid lorsque j'étais auprès de mon père" (S. 19, Z. 1 f.). Welch ein Leben für einen jungen Menschen, der für seine gedeihliche Entwicklung auf elterliche Nähe angewiesen ist, Liebe, Ermutigung, um sich im Laufe der Jahre ein Selbstwertgefühl aufzubauen.

Vater erfindet vollkommenen zweiten Sohn

Dieser „Vater" tut das genaue Gegenteil: er erfindet mit Popol einen Bruder, den er Momo als Verkörperung aller positiven Eigenschaften und absoluter Vollkommenheit gegenüberstellt, der ihm in alltäglichen und schulischen Belangen haushoch überlegen ist: „Ah, heureusement que ton frère Popol n'était pas comme ça." (S. 20, Z. 1 f.) Er zeigt unverkennbar sadistische Züge: als Momo ihn mit banger Stimme fragt, ob Popol ihn wohl lieb gehabt hätte, gibt er ihm eine unvorstellbar brutale, den Jungen bewusst erniedrigende indirekte Antwort: „Quelle question!" (S. 20, Z. 21), was heißen soll: „So einen wie dich kann doch niemand lieben!".

Ein Vater-Sohn-Gespräch kommt nie zustande

Auch nach dem Verlust seines Arbeitsplatzes kommt es zu keinem Gespräch zwischen Vater und Sohn – eine nichtssagende Bemerkung: „ Il va falloir se serrer la ceinture, mon petit" (S. 35, Z. 10), das ist alles. Kurz danach verschwindet er, sich der Verantwortung für seinen Sohn, der er allerdings auch schon bisher nie nachgekommen ist, entziehend und überlässt den Jungen, der, elfjährig, gerade jetzt der Orientierung bedarf, seinem Schicksal. Dieser Mann bleibt dem Leser ein Rätsel; der Erzähler, d. h. Momo selbst, verfügt ebenfalls nicht über den sog. „Olympian point of view", ist nicht in der Lage, den Vater in seinen geheimen Seelenregungen zu erfassen: „Décidément, je ne comprendrais jamais mon père" (S. 46, Z. 2 f.).

Leser erhält nur negatives Bild des Vaters

Vor uns bleibt das Bild eines verschlossenen Menschen ohne Liebe, ohne Gefühl, perfide in seinem Verhalten gegenüber Momo – warum er so geworden ist, können wir aus dem kurzen Gespräch zwischen ihm und Momo erahnen, in dem es letztendlich um die Theodizee, d. h. die Frage nach der Existenz Gottes geht, um die Frage, wie ein allmächtiger und allgütiger Gott das in der Welt existierende physische Übel, das moralisch Verwerfliche und das Leiden der Menschen zulassen kann: „– Papa, est-ce que tu crois en Dieu? [...] – Non, je ne suis jamais arrivé à croire en Dieu – Jamais arrivé? Pourquoi? Faut faire des efforts? [...] – Pour croire que tout ça a un sens? Oui. Il faut faire de gros efforts. – Et être juif, ça n'a aucun rapport avec Dieu? – Pour moi ça n'en a plus. Être juif, c'est simplement avoir de la mémoire. Une mauvaise mémoire." (S. 33, Z. 11–S. 34, Z. 10) Momos Vater gehört einer Generation an, die Diskriminierung, Entrechtung und Deportation der Juden während der deutschen Besatzungszeit am eigenen Leibe erfahren hat, die tägliche Angst, als Jude entdeckt und verraten zu werden – sein Misstrauen gegenüber anderen wird vor diesem Hintergrund verständlich (S. 21, Z. 1 f.). Durch M. Ibrahim erfahren wir Genaueres. Momos Großeltern wurden von der Nazis verhaftet, deportiert und in einem Konzentrationslager umgebracht, Momos Vater überlebte, konnte aber nie die damaligen Ereignisse vergessen: „Ton père ne se remettait pas d'avoir échappé à tout ça. Peut-être il se culpabilisait d'être en vie." (S. 48, Z. 16 ff.) Es ist zweifellos richtig, dass derartige furchtbare Erlebnisse Menschen dauerhaft trauma-

Frage nach der Existenz Gottes

Generation des Vaters

Momos Großeltern wurden im KZ umgebracht

tisieren können, ein „normales" Leben unmöglich machen, – was Momos Vater seinem Sohn antut, ist dadurch nicht entschuldbar.

Verhalten des Vaters ist dennoch nicht entschuldbar

Momos Mutter

tritt während der ersten dreizehn Jahre seines Lebens nicht in Erscheinung. Momo verschwendet keinen Gedanken an sie und sie offensichtlich auch nicht an ihn. Da sie ihren Mann kennt, um seine Probleme wissen muss, wäre es naheliegend gewesen, sich zumindest für den Jungen zu interessieren, in Erfahrung zu bringen, wie sich das alltägliche Zusammenleben zwischen Vater und Sohn darstellt. Erst nach dreizehnjähriger Abwesenheit taucht sie bei Momo auf, wirbt um Verständnis für ihr Verhalten, betont, dass nur die äußeren Umstände sie daran gehindert hätten, sich um ihren Sohn zu kümmern: „Mais j'étais prête à aimer Moïse. Seulement j'ai connu un autre homme. [...] J'ai préféré refaire ma vie, une vie où il y a du bonheur" (S. 53, Z. 15–S. 54 Z. 2). Momos ironisch zu verstehende Bemerkung: „C'est sûr que c'est mieux" (S. 54, Z. 3) und sein Verhalten auf ihre „Annäherungsversuche" verdeutlichen seine tiefe Enttäuschung darüber, dass seine Mutter bei ihrer weiteren Lebensplanung keinen Gedanken an ihn verschwendet hat: „Elle s'approche de moi. Je sens qu'elle voudrait m'embrasser. Je fais celui qui ne comprends pas." (S. 54, Z. 5 f.) Ohne elterliche Liebe vereinsamt Momo seelisch, neben der sexuellen Neugier eines Heranwachsenden sicherlich auch ein Grund für seinen Besuch bei einer Prostituierten.

Mutter taucht nach 13-jähriger Abwesenheit auf

Momo und Monsieur Ibrahim

Entscheidend für Momos weitere Entwicklung ist seine Bekanntschaft mit Monsieur Ibrahim, dem Besitzer eines kleinen Lebensmittelgeschäfts in der Rue Bleue, groß wie ein Badezimmer, ein „Tante Emma Laden", vollgestopft mit Dingen des alltäglichen Bedarfs

Besitzer eines Lebensmittelgeschäfts

(S. 30, Z. 5 ff.). Seit Jahrzehnten führt er sein Geschäft, kein Araber, wie alle meinen, sondern aus dem Südosten der Türkei, dem Goldenen Halbmond, stammend, einem kleinen, an den Iran angrenzenden Gebiet. Obwohl nicht jüdischen Glaubens, hat er sich durch seine gleich bleibende Freundlichkeit und Zurückhaltung die Wertschätzung der vorwiegend jüdischen Bevölkerung der Rue Bleue erworben.

M. Ibrahim lebt im Einklang mit Gottes Geboten

Unaufgeregt, abgeklärt, ein Mann, der in sich selbst ruht, das ist der allgemeine Eindruck, den alle von ihm haben. Jedermann zu Diensten, niemandes Diener, von niemandem abhängig, so geht er tagaus, tagein seiner Arbeit nach, „ouvert de huit heures du matin jusqu'à minuit et même le dimanche" (S. 11, Z. 17 f.). Seine Gelassenheit erwächst aus der Gewissheit, ein Leben im Einklang mit Gottes Geboten zu führen – „Je sais juste ce qu'il y a dans mon Coran." (S. 28, Z. 12 f.) – der Koran als das unverfälschte Wort Gottes ist Richtschnur seines Handelns.

Ersatzvater für Momo

M. Ibrahim tritt an die Stelle des Vaters. Das Bild der Hand, die sich Momo aus einem Mauerspalt entgegenstreckt (S. 16, Z. 11 ff.), veranschaulicht den Wandel, der sich durch M. Ibrahims Erscheinen in der Welt des Jungen vollzieht, es symbolisiert Vergangenes und Zukünftiges in Bezug auf Momos Leben. Zum ersten Mal bringt man Momo Aufmerksamkeit entgegen, fühlt er sich „angenommen" von der Welt der Erwachsenen.

Langsame Annäherung zwischen Momo und M. Ibrahim

Die Annäherung zwischen Momo und M. Ibrahim vollzieht sich nur langsam. Zunächst ist M. Ibrahim für den jüdischen Jungen nur der Lebensmittelhändler, der „Arabe du coin", Vertreter einer Rasse, der gegenüber er als Jude einige durch die historische Entwicklung bedingte Vorurteile bzw. Vorbehalte hat: als er ihn bestiehlt, schämt er sich zwar, unterdrückt jedoch aufkommende Bedenken: „*Après tout, c'est qu'un Arabe!*" (S. 10, Z. 8) M. Ibrahim weiß um den Diebstahl, ahnt, was in dem Jungen vorgeht: „Je ne suis pas arabe, Momo, je viens du Croissant d'Or" (S. 10, Z. 9 f.) – diese Fähigkeit, Gedanken lesen zu können, macht für Momo aus dem „Arabe" denn doch etwas Besonderes (S. 15, Z. 16 ff.). Die Nonchalance, die Souveränität, die M. Ibrahim in der kurzen Unterhaltung mit dem Superstar Brigitte Bardot an den Tag legt, nötigt ihm sogar Bewunderung ab: „– Quand même, vous avez un de ces culots, monsieur Ibrahim. – Eh, mon petit Momo, il faut bien que je me rembourse toutes les boîtes que tu me chouraves." (S. 15, Z. 11 ff.)

Ein Mann voller Herzensgüte

Diese freundlich-ironische Antwort lässt Momo spüren, dass sich in der Person M. Ibrahims die Welt der Erwachsenen anders darstellt, als er sie bisher erlebt hat; statt harscher Vorwürfe, statt Androhung von Strafe im Wiederholungsfall, begegnet ihm hier ein Mann voller Herzensgüte – „mon petit Momo" –, der weiß, dass liebevoll vorgebrachte Kritik am Verhalten eines Elfjährigen mehr bewirkt als hartes Durchgreifen. Diese Form der Kritik belässt dem Heranwachsenden seine innere Würde, wertet ihn nicht ab, gibt ihm nicht das Gefühl absoluter Minderwertigkeit, das Gefühl, eine „Null" zu sein (S. 20, Z. 4).

Freundschaft mit M. Ibrahim wird zum Wendepunkt in Momos Leben

Momo erhält Hinweise zum Umgang mit Mitmenschen

Kein durchgeplanter Erziehungsprozess

Zwischen diesen beiden Menschen, die hinsichtlich Alter und Herkunft nicht unterschiedlicher sein könnten, entwickelt sich eine tiefe Freundschaft, die für Momo zum Wendepunkt seines Lebens wird. Ausgehend von bestimmten Beobachtungen und Ereignissen vermittelt M. Ibrahim seinem jungen Freund Lebensweisheiten, gibt ihm Hinweise zum Umgang mit seinen Mitmenschen, das Ganze in unverbindlichem Plauderton, ohne belehrenden Charakter. „Lorsqu'on veut apprendre quelque chose, on ne prend pas un livre. On parle avec quelqu'un. Je ne crois pas aux livres." (S. 40, Z. 12 ff.) Es ist kein durchgeplanter Erziehungsprozess, in dem einzelne Lebensbereiche, methodisch streng aufeinander aufgebaut, systematisch abgehandelt werden. Momos ernstes Wesen ist für M. Ibrahim Anlass, Momo die Wichtigkeit harmonischer

Momo lernt Wichtigkeit zwischenmenschlicher Beziehungen

zwischenmenschlicher Beziehungen zu verdeutlichen: „Pourquoi est-ce que tu ne souris jamais, Momo?“ (S. 21, Z. 9) „C'est sourire, qui rend heureux“ (S. 22, Z. 6 f.). Dem Gegenüber mit Offenheit und Freundlichkeit zu begegnen, entspringt einer positiven Grundeinstellung zum Leben, schafft ein Klima des Vertrauens, in dem sich zwischenmenschliche Beziehungen entwickeln können.

Momos „Charmeoffensive“

Momo unterzieht das soeben „Gelernte“ einem Tauglichkeitstest, startet eine wahre „Charmeoffensive“. Ein unbändiger Spieltrieb, der durch die Erziehung seines Vaters verschüttet schien, bricht sich hier Bahn. Die ihm bisher feindlich erscheinende Umwelt wirkt nunmehr freundlicher, ermöglicht ihm eine differenziertere Sicht auf die Menschen, deren Menschlichkeit er spürt. Er genießt es, Zuwendung zu erfahren. Die Lehrer, die bisher auf ihn wie Abbilder seines Vaters wirkten – „[je me faisais] engueuler au lycée comme à la maison“ (S. 6, Z. 3 f.) –, reagieren, selbst überrascht von seiner Freundlichkeit und Umgänglichkeit, verständnisvoll und entgegenkommend (S. 23, Z. 1 ff.). Er befreit sich von all dem, was ihn bisher bedrückt hat, wird im Spiel zu einem innerlich freien Menschen. Dank M. Ibrahims Hilfestellung ist aus dem ewig traurigen Momo ein fröhliches Kind geworden, das in seinem selbstvergessenen Spiel aufgeht. In ihrer Komik geradezu umwerfend ist die Szene, in der er sich gegenüber einer Prostituierten als Journalist, genauer „étudiant en journalisme“ (S. 24, Z. 22) ausgibt, der eine Recherche über dieses Metier durchführt.

Differenziertere Sicht auf die Menschen

Entwicklung vom traurigen zum fröhlichen Kind

Popol

Nach der lieblosen Zurückweisung durch seinen Vater (S. 26, Z. 7 ff.) verfällt Momo wieder in tiefe Traurigkeit: „C'est de ma faute, si j'étais comme Popol, mon père m'aimerait plus facilement.“ (S. 26, Z. 12 f.) Sein ganzes Denken kreist um Popol, diesen vom Vater erfundenen vollkommenen Bruder, der ihn daran hindert, er selbst zu

Erfundener Bruder behindert ihn in Selbstfindung

werden. Monsieur Ibrahim erkennt, dass er den Jungen von diesem Trauma befreien muss, um ihn vor vollkommener Verzweiflung zu bewahren. Obwohl er offensichtlich um die Nichtexistenz Popols weiß, (S. 27, Z. 4 f.) vermeidet er es ganz bewusst, Momo darüber aufzuklären. Aus sich selbst heraus, im Vertrauen auf seine eigenen Fähigkeiten, muss Momo die notwendige Sicherheit gewinnen. Momo darüber zu informieren, dass Popol nie existiert hat, würde ihn außerdem noch mehr von seinem Vater entfremden, seine Abneigung gegen ihn vergrößern. Popols Aufwertung: „Il était très bien, Popol, très bien“ (S. 27, Z. 14), verleiht seiner Aussage: „Momo, je vais te dire une chose: je te préfère cent fois, mille fois, à Popol“ (S. 27, Z. 7 f.) besonderen Nachdruck.

M. Ibrahim – Psychologe und Pädagoge

In den Wochen, die dieser entscheidenden Unterhaltung über Popol vorangehen, ist es M. Ibrahim gelungen, ein Vertrauensverhältnis zu dem Jungen aufzubauen – ohne Vorwürfe, ohne erhobenen Zeigefinger, auch dann, wenn er Momos Verhalten nicht billigt (S. 15, Z. 13 ff.).

Die durch M. Ibrahim erfahrenen Aufmunterungen, sein ständiger Zuspruch, haben ihn so weit gefestigt, dass er nach dem Verschwinden seines Vaters nicht Opfer seiner anfänglichen Verzweiflung wird (vgl. Kap. 3.6), dass er nunmehr in der Lage ist, sich in einer für ihn völlig neuen Situation zurechtzufinden, gezielt nach einem Ausweg zu suchen. Er strukturiert sein Leben: das Bild des allein am Tisch sitzenden Momo, das Gedeck des verschwundenen Vaters vor sich, weist darauf hin, dass er sich nicht gehen lässt (S. 38, Z. 19 ff.). Seine Selbstachtung lässt es nicht zu, dass man ihn, von Mutter und Vater verlassen, als Versager abstempelt, als jemanden, der es nicht wert ist, dass man sich überhaupt seiner annimmt.

Neustrukturierung des Lebens nach dem Verschwinden des Vaters

M. Ibrahim bewahrt ihn davor, seelisch zu verkümmern. Er begleitet ihn als Freund und Mentor im Verlauf seines Sozialisations-

M. Ibrahim ist Freund und Mentor

prozesses. Dieser Prozess des Hineinwachsens in gesellschaftliche Strukturen und Interaktionszusammenhänge bedarf des ständigen Kontaktes mit anderen (S. 40, Z. 12 ff.). M. Ibrahim vermittelt Momo ein positives Menschenbild, öffnet ihm die Augen für das, was im Leben zählt: nicht materielle Werte bedeuten Glück, sondern innere Gelassenheit, Grundvertrauen in den Sinn der Welt, Vertrauen auf die Hilfe Gottes. Der griechische Bauer, der jeden Augenblick seines Daseins genießt, ein glückseliges, idyllisches Leben führt, genügsam in seinen Ansprüchen, im Einklang mit der Natur, entspricht dem Lebensideal M. Ibrahims, das er auch für sich verwirklicht hat und das er Momo nahezubringen sucht (S. 61, Z. 14 ff.). M. Ibrahims „arkadisches" Lebensideal ist ein Gegenentwurf zu der durch rastlose Betriebsamkeit und Profitstreben geprägten modernen Arbeitswelt.

Momo erhält positives Menschenbild

M. Ibrahims Lebensideal als Gegenentwurf

Bei einem Tagesausflug in das Stadtzentrum von Paris beobachtet Momo, dass sein großer Freund, obwohl Muslim, Alkohol trinkt: „– Je croyais que les musulmans, ça ne buvait pas d'alcool. – Oui, mais moi je suis soufi." (S. 31, Z. 5 ff.) Diese Antwort ist für den Jungen Anlass, sich mit der Bedeutung der Religion im Leben eines Menschen zu beschäftigen – die Diskussion existentiell wichtiger Fragen erwächst fast beiläufig aus alltäglichen Geschehnissen und Einzelbeobachtungen. Während bisher M. Ibrahim als „Lehrer" den Jungen an wichtige Fragen heranführte, ihm Erklärungen gab, deutet sich hier ein neuer Abschnitt in Momos geistiger Entwicklung an: er bemüht sich darum, ihm Unbekanntes selbst zu durchdringen, hinterfragt den Bedeutungsgehalt jedes Wortes der im Larousse gegebenen Definitionen (S. 32, Z. 2 ff.). Nach den Erklärungen des Lexikons wäre M. Ibrahims Verhalten in religiösen Fragen „malhonnête", also müsste er jeden Kontakt mit ihm abbrechen. Momo weiß, was das für ihn bedeuten würde: totale Vereinsamung, Verzweiflung. In einer einem Sophisten Ehre machenden „Argumen-

Bedeutung der Religion

Neuer Abschnitt in Momos geistiger Entwicklung

Momos „Zweifel"

tationskette“ kommt er zu dem Schluss, dass er sich von Monsieur Ibrahim wohl doch nicht zu trennen braucht (S. 32, Z. 14 ff.).

Da Momo jede innere Bindung an seinen Vater verloren hat, empfindet er kein Mitleid mit ihm, sondern hat nur Spott für ihn übrig, als er seinen Arbeitsplatz verliert (S. 35, Z. 3 ff.). Das Verhältnis zwischen den beiden ist völlig zerrüttet – auch dem Vater ist es gleichgültig, wie sein Sohn innerlich auf dieses ihr Leben verändernde Ereignis reagiert: „Visiblement, ça ne l'intéressait pas de savoir ce que j'en pensais.“ (S. 35, Z. 11 f.)

Zerrüttetes Vater-Sohn-Verhältnis

M. Ibrahim erweist sich als guter Psychologe und Pädagoge nach dem Verschwinden des Vaters. Er ahnt die Wahrheit – mehrfach fragt er ihn nach seinem Vater (S. 40, Z. 4–24). Er drängt den Jungen nicht, sich ihm zu offenbaren, denn er weiß, dass er damit eine langsam vernarbende Wunde wieder aufreißen würde.

Seine Einladung zu einer Reise in die Normandie soll Momo helfen, Abstand zu dem Geschehenen zu gewinnen, ist Hilfe für einen Neuanfang, bedeutet die Erfüllung eines lang gehegten Traums: Nur schweren Herzens hatte er einer Prostituierten als Liebesbeweis eine Muschel geschenkt, „un vrai coquillage qui venait de la mer, de la vraie mer“ (S. 17, Z. 4 f.). Diese Zeilen verraten seine stille Sehnsucht nach der Weite des Meeres, dem Licht, der Sonne, seinen Wunsch, der häusliche Enge und Finsternis zu entfliehen, allem, was ihn bedrückt, ihm die Luft zum Atmen nimmt.

Reise in die Normandie als Hilfe für Neuanfang

Die lichtdurchflutete Eingangshalle des „Grand Hôtel de Cabourg“ (S. 40, Z. 25) steht für eine Welt, die er nie hat kennenlernen dürfen – überwältigt, sprachlos, nimmt er alles in sich auf. Bis zu diesem Augenblick hatte er seine Gefühle kontrolliert, hatte nach dem Fortgang des Vaters versucht, sein Leben „in den Griff“ zu bekommen, doch nun ist er nicht mehr Herr seiner Gefühle: „ça a été plus fort que moi: je me suis mis à pleurer. J'ai pleuré pendant deux heures, trois heures, je n'arrivais pas à reprendre mon

Momos Tränenflut

souffle“ (S. 40, Z. 26 ff.). Alles Bedrückende, ihn Erdrückende, wird mit dieser Tränenflut hinweggeschwemmt – in diesem Moment beginnt für ihn ein neues Leben. Dass dieses Erlebnis den wichtigsten Einschnitt in seinem Leben darstellt, wird durch Momos Reaktion auf die Nachricht vom Selbstmord seines Vaters unterstrichen: „Ça aussi, c'était curieux: aller faire ça à Marseille! […] Décidément, je ne comprendrais jamais mon père“ (S. 45, Z. 25 ff.). Der Tod seines Vaters berührt ihn nicht im Geringsten, seine nüchtern-distanzierte Haltung schockiert den Leser. Für seinen Vater, um dessen Liebe er gebettelt hatte (S. 26, Z. 4 ff.), dem er aber nie etwas bedeutete, empfindet er nichts mehr.

Momos Reaktion auf Tod des Vaters

Momo und M. Ibrahim nähern sich an

Die Tage im Grand Hotel in Cabourg bringen M. Ibrahim und Momo einander noch näher. Während der gemeinsamen Morgentoilette entdeckt Momo, dass M. Ibrahim, der Muslim, beschnitten ist, ebenso wie er selbst, ein jüdisches Kind. „Avec monsieur Ibrahim, je me rendais compte que les juifs, les musulmans et même les chrétiens, ils avaient eu plein de grands hommes en commun“ (S. 43, Z. 11 ff.). In einem anschaulichen Bild bringt M. Ibrahim seinem jungen Freund die tiefere Bedeutung dieser Beschneidung nahe: ebenso wie Abraham seinen Sohn Isaak Gott zum Opfer darbietet, tut es auch der Vater im symbolischen Akt der Beschneidung.

M. Ibrahims einfühlsame Sprache

M. Ibrahims Sprache belegt sein Einfühlungsvermögen in die Psyche eines Kindes – ein komplexer religiöser Gehalt wird somit für Momo begreifbar: „C'est le sacrifice d'Abraham: il tend son enfant à Dieu en lui disant qu'il peut le prendre. Ce petit bout de peau qui nous manque, c'est la marque d'Abraham. Pour la circoncision, le père doit tenir son fils, le père offre sa propre douleur en souvenir du sacrifice d'Abraham.“ (S. 43, Z. 4 ff.) Dieser Bund mit Gott gibt dem Gläubigen die Gewissheit, für immer unter seinem Schutz zu leben. Daraus resultierten M. Ibrahims Zufriedenheit, seine Gelassenheit, sein Bestreben, Gutes zu tun, Menschen zu helfen, besonders dann, wenn ihre innere Not am größten ist. Als die Polizei Momo bittet, nach dem Selbstmord des Vaters dessen zerfetzte Leiche zu identifizieren, schreit er auf, nicht länger fähig, sich zu kontrollieren. M. Ibrahim übernimmt diese Aufgabe wie selbstverständlich.

Momo findet Gleichgewicht zurück und überwindet Trauma

Durch M. Ibrahims Zuwendung gewinnt Momo langsam sein inneres Gleichgewicht, befreit sich von seinem Trauma. Er sehnt sich danach, eines Tages seinen Bruder „Popol", der ihn vor dem Gespräch mit M. Ibrahim (S. 27, Z. 1 ff.) bis in seine Träume verfolgte, zu treffen: „Je me couchais souvent en pensant qu'il y avait, quelque part dans le monde, un frère beau et parfait, qui m'était inconnu et que, peut-être, un jour je le rencontrerais." (S. 45, Z. 2 ff.)

Momo soll Hass auf Vater überwinden

Monsieur Ibrahims Bestreben erschöpft sich nicht darin, Momo bei seiner Entwicklung zum Erwachsenen zur Seite zu stehen, ihm einen Wertekanon an die Hand zu geben. So wie der Junge seine Abneigung gegen den Bruder überwinden konnte, muss er sich auch von seiner Wut, seinem Hass auf den Vater befreien. Monsieur Ibrahims Satz: „Ton père, il n'avait pas d'exemple devant lui" (S. 48, Z. 13) soll Verständnis für dessen besondere Lage wecken. Wir wissen nicht, wie sein Leben nach dem Verschwinden der Eltern verlief, wer sich um ihn kümmerte. Sicher ist, dass er, damals etwa in dem gleichen Alter wie Momo jetzt, die entscheidende Rolle der Eltern bei seiner eigenen Ichfindung nie erfahren hat. Die Aufmerksamkeit und Liebe von zumindest einem Elternteil kann einem Kind nur in den seltensten Fällen – die Beziehung zwischen Momo und Monsieur Ibrahim ist ein solches positives Beispiel – durch andere Personen entgegengebracht werden. Offensichtlich hat zwischen ihm und den Menschen, die sich um seine Erziehung bemüht haben, nie wirklich eine enge Bindung bestanden, was eine Erklärung für seine Gefühlskälte Momo gegenüber wäre. Momos Vater konnte die in seiner Jugend erlebten schrecklichen Vorgänge nie vergessen, sie hatten für immer sein Vertrauen in menschliche Werte, in

Bedeutung eines intakten Familienlebens für kindliche Entwicklung

Momos Vater lebte ohne religiöse Gewissheit

religiöse Gewissheiten zerstört. M. Ibrahim verdeutlicht dem Jungen, dass nicht er, der sich nicht so entwickelte, wie sich sein Vater das erträumt hatte, moralisch an seinem Selbstmord schuldig ist: „S'il n'avait pas la force de vivre, ce n'était pas à cause de toi, Momo, mais à cause de tout ce qui a été ou n'a pas été avant toi." (S. 49, Z. 3 ff.) Dieser Hinweis ist für Momos Entwicklung wichtig: später aufkommende Schuldgefühle hätten es ihm unmöglich gemacht, die Vergangenheit zu bewältigen und seinem Leben eine neue Richtung zu geben.

Momo will Vergangenheit hinter sich lassen

Äußeres Zeichen dafür, dass Momo diesen Neubeginn wagen, die Vergangenheit, „le vieux passé, le rance, celui qui pue comme une vieille serpillière" (S. 43, Z. 23 ff.), hinter sich lassen will, ist zunächst der Verkauf der Bücher: „A chaque fois que je vendais un livre, je me sentais plus libre." (S. 44, Z. 6 f.) Die Renovierung der Wohnung steht am Ende dieser inneren Entwicklung: „J'ai commencé à tout changer dans l'appartement de la rue Bleue." (S. 49, Z. 10 f.)

Weitere Auseinandersetzung mit Vergangenheit durch Auftauchen der Mutter

Das Erscheinen seiner Mutter in der Wohnung zwingt Momo noch einmal, sich mit den Geschehnissen der Vergangenheit auseinanderzusetzen. Sie hatte ihren Sohn nach der Trennung von ihrem Ehemann auf dessen Drängen bei seinem Vater zurückgelassen. Die Heirat mit Momos Vater war keine Liebesheirat, für sie lediglich die Möglichkeit, ihrem Elternhaus zu entfliehen. Bis zu einem gewissen Grade versteht Momo ihr Verhalten (S. 53, Z. 20 ff.), trotzdem wirft er ihr vor, ihn verlassen zu haben: „Abandonné deux fois, une fois à la naissance par ma mère; une autre fois à l'adolescence, par mon père." (S. 37, Z. 19 ff.) Mit diesem Schritt hat sie ihren Sohn in die Obhut eines Mannes gegeben, dessen schlechte Charaktereigenschaften ihr bekannt waren, der zu Depressionen neigte, und von dem sie fast sicher sein konnte, dass er seiner Erziehungsaufgabe gegenüber dem Jungen nicht gewachsen sein würde. Momo benötigt Zeit, um diese Enttäuschung zu verwinden – seiner Mutter zuliebe eine Versöhnungskomödie zu spielen, lässt sein Stolz nicht zu.

Mit der Verabschiedung seiner Mutter hat Momo seine Kindheit und ersten Jugendjahre hinter sich gelassen.

Momo lässt Kindheit hinter sich

Die Adoption durch M. Ibrahim ist die offizielle Bestätigung des engen Vertrauensverhältnisses zwischen den beiden. Sie sind einander unentbehrlich geworden: Momo hat nie wirklich einen Vater gehabt, an den er sich bei Problemen, welcher Art auch immer, vertrauensvoll wenden konnte, und auch M. Ibrahim würde ohne Momo das fehlen, was der Mensch für ein wirklich erfülltes Leben benötigt, nämlich Verantwortung für einen Menschen, der des Zuspruchs und der Hilfe bedarf, zu übernehmen.

Adoption durch M. Ibrahim

Verantwortung für einen Menschen

Momo, der kaum wagte, seinen leiblichen Vater anzusprechen: „Si je faisais un peu de bruit ... – Oh, pardon. – Moïse, tais-toi [...] –Pardon, papa." (S. 19, Z. 16 ff.) ist nun voller Stolz auf seinen Adoptivvater. Zum ersten Mal erfährt er, was elterliche Zuwendung bedeutet, was wirkliche Liebe ist. Das Wort „papa" hat für ihn einen völlig neuen Klang, voller Glück und Stolz spricht er es aus, ohne ständige Zurückweisung: „Bien, papa". „C'est dingue comme, avec les mêmes mots, on peut avoir des sentiments différents. Quand je disais ‚papa' à monsieur Ibrahim, j'avais le cœur qui riait, je me regonflais, l'avenir scintillait." (S. 55, Z. 15 ff.) Auch M. Ibrahim ist wie neugeboren, voller Unternehmungslust: „On fera des voyages, Momo." (S. 55, Z. 10) Von ihm, der allen immer als uralter Mann erschien – „Monsieur Ibrahim avait toujours été vieux [...], arc-bouté entre sa caisse et les produits d'entretien" (S. 8, Z. 11 ff.) – scheinen die Jahre wie abgefallen. Immer unauffällig, bescheiden, zurückhaltend, „disparaissant on ne sait où entre minuit et huit heures du matin" (S. 9, Z. 11 ff.), ist er nun derjenige, der im Autohaus den Ablauf des Gesprächs mit dem Autoverkäufer bestimmt

Momo lernt erstmals elterliche Zuwendung kennen

M. Ibrahim wie neugeboren

(vgl. Kap. 3.6). Geblieben ist seine „sagesse“, seine Lebensweisheit, sein Einfühlungsvermögen – beim Autohändler weist er auf die wichtige Rolle Momos in dieser Angelegenheit hin: „Je veux acheter ce modèle. C'est mon fils qui l'a choisi.“ (S. 55, Z. 21 f.) Diese Worte sind natürlich Ausdruck des Stolzes auf seinen Sohn Momo: „Il mettait ‚mon fils' dans toutes les phrases, comme s'il venait d'inventer la paternité“ (S. 55, Z. 24 ff.). Sie bedeuten jedoch noch wesentlich mehr: Monsieur Ibrahim ist sich immer seines Erziehungsauftrages gegenüber diesem dreizehnjährigen, etwas pummeligen Jungen – „j'étais gros comme un sac de sucreries“ (S. 6, Z. 17) – bewusst. Mit seiner Bemerkung bindet er ihn in die Kaufverhandlungen ein, behandelt ihn als vollwertig, nicht als „nullité“ wie sein Vater, und stärkt somit sein Selbstwertgefühl. Nur so erlangt ein junger Mensch die innere Kraft und Sicherheit, sein Leben selbst zu gestalten.

M. Ibrahim übernimmt bewusst Erziehungsauftrag

Eine wirkliche Bildungsreise im herkömmlichen Sinne ist die Fahrt der beiden in die Türkei sicher nicht. Entscheidend ist, dass Momo innerlich Abstand gewinnt zu einer Welt, in der er seelisch zu verkümmern drohte und die für ihn ohne Monsieur Ibrahim unerträglich gewesen wäre. Oft steht bei Vater und Sohn die Lust am reinen Spiel im Vordergrund. Den Charakter von Religionsgemeinschaften an dem ihren Kirchengebäuden entströmenden spezifischen Geruch zu erkennen, ist für sie ein besonderer Zeitvertreib (S. 62, Z. 11 ff.). Bei solchen Gelegenheiten vermittelt M. Ibrahim seinem Adoptivsohn allerdings auch erste Einsichten in die religiösen Bräuche des Islam.

Keine gewöhnliche Bildungsreise

M. Ibrahim vermittelt erste Einsichten in die religiösen Bräuche des Islam

Sie betreten die Blaue Moschee in Istanbul, mit ihren sechs Minaretten eines der beeindruckensten Zeugnisse islamischer Kirchenbaukunst. Momo ekelt sich vor den Ausdünstungen von Tausenden von Gläubigen. Von M. Ibrahim erfährt er, was das gemeinsame Gebet für jeden Gläubigen bedeutet. Man fügt sich in die Glaubensge-

Bedeutung der Glaubensgemeinschaft für den Einzelnen

meinschaft ein, welchem Stand man auch immer angehören mag: „Je me sens, je nous sens, donc je me sens déjà mieux!" (S. 63, Z. 10 f.) Das Wortspiel mit den Verben „sentir" (riechen, fühlen) und „se sentir" (sich fühlen) weist auf die Einheit von Körper und Geist hin. Meinen Glaubensbruder neben mir zu fühlen, ihn förmlich zu riechen, gibt mir ein Gefühl des Geborgenseins, verleiht mir inneren Frieden. Wenn M. Ibrahim jeden Morgen gymnastische Übungen macht: „Il s'approchait de la fenêtre, il reniflait la lumière et il faisait sa culture physique, lentement – tous les matins, toute sa vie, sa culture physique" (S. 42, Z. 16 ff.), so ist auch das ein Beleg für seine Überzeugung, dass Körper und Geist untrennbar miteinander verbunden sind. Unbelastet von körperlichen Beschwerden fällt aller Druck von mir ab, mein Geist wird befähigt zur Erkenntnis dessen, was den Sinn des Lebens ausmacht, worin wahres Glück besteht: „Mens sana in corpore sano", wie Juvenal es ausdrückt.

Einheit von Körper und Geist

Es ist eine ganz besondere Reise, die M. Ibrahim mit Momo unternimmt, eine Reise, die ihn zu den Quellen menschlichen Glücks führt. Zufriedenheit, innere Ruhe erlangt der Mensch, wenn er sich von den Zwängen der modernen Leistungsgesellschaft freimacht, den Sinn seines Lebens nicht in materiellem Erfolg und gesellschaftlicher Anerkennung sieht. Im Tanz wirft der Mensch diese Fesseln des Alltags ab, seine Seele wird frei, um sich in der „unio mystica" mit Gott zu vereinen.

Eine Reise zu den Quellen menschlichen Glücks

Kurz vor ihrem Reiseziel führt M. Ibrahim den Jungen in ein „Tekké", einem geweihten Ort. „Un Tekké c'est pas un dancing, c'est un monastère. Momo, pose tes chaussures." (S. 64, Z. 11 f.) Hierhin ziehen sich die Mitglieder der Mewlewije-Sufi-Bruderschaft, zu denen M. Ibrahim gehört, zurück, um sich jeweils Freitags dem Ritual des „Sema", bei uns als „Tanz der Derwische" bekannt, hinzugeben. Die Mitglieder einiger Sufi-Bruderschaften, so auch M. Ibrahim, fühlen sich an Kultvorschriften und Alkoholverbot der Scharia

Die Mewlewije-Sufi-Bruderschaft

Tanz der Derwische

Nichteinhaltung der Scharia

Tanzende Derwische der Mewlewije-Bruderschaft in einem Sufi-Zentrum

nicht gebunden (die Scharia regelt nicht nur Rechtsfragen, sondern beinhalt Normen menschlichen Handelns im Verhältnis zu Gott und den Mitmenschen). So verwundert es nicht, dass Momo seinen Freund niemals beim Pflichtgebet antrifft, dass M. Ibrahim den Ramadan offensichtlich nicht einhält, auch die Wallfahrt nach Mekka nie erwähnt. Die von Momo im Larousse gefundene Definition: „*Soufisme: [...] Opposé au légalisme, il met l'accent sur la religion intérieure*" (S. 31, Z. 16 ff.) beinhaltet, dass für den Menschen der Weg zu Gott nicht über die bloße Befolgung von Glaubensregeln führt, sondern dass er unmittelbar von Gott „ergriffen" werden und von ihm geführt werden muss. Alles, was ihn im Leben von Gott trennt, überwindet er im mystischen Erleben der Gottesherrlichkeit.

Alles Geschaffene als Lob Gottes

Für M. Ibrahim ist alles Geschaffene Lob Gottes, legt die Natur Zeugnis ab für Gottes Einzigartigkeit und Erhabenheit: „La beauté, Momo, elle est partout. Où que tu tournes les yeux. Ça, c'est dans mon Coran […] Tu sais, Momo, l'homme à qui Dieu n'a pas révélé la vie directement, ce n'est pas un livre qui la lui révélera" (S. 41, Z. 11 ff.). Diese Grundüberzeugung eines gläubigen Sufi geht auf den ägyptischen Mystiker Dhun-Nun (gest. 859) zurück, der mit seinem Gedanken von der Natur als Zeugin Gottes die mystische Dichtung des Islam eingeleitet hat und als Vorläufer des berühmten persischen Mystikers Dschelaladdin Rumi (1207–1273) anzusehen ist.

Meditation zur Erfassung Gottes

Im Zustand der Meditation wendet sich der Mensch von der Betriebsamkeit der Welt ab, entäußert sich seiner menschlichen Eigenschaften, strebt den Zustand der „Entwerdung" an und gelangt über die sinnliche Wahrnehmung der Welt hinaus zur Erfassung Gottes. Bei den von Momo erwähnten „deux mecs anciens" al-Halladj und al-Ghazali handelt es sich um zwei berühmte Vertreter einer eher meditativen Richtung, deren Denken M. Ibrahims Lebensphilosophie und Weltsicht entscheidend geprägt hat. Mit seiner Lehre von der Verinnerlichung des Islam stellte sich al-Halladj gegen die orthodoxen, auf genaue Einhaltung der Scharia und auf Welteroberung zielenden Strömungen im Islam – 922 wurde er hingerichtet. Etwa 200 Jahre nach al-Halladj trat der persische Gelehrte al-Ghazali (gest. 1111) mit Werken zur Systematisierung der unterschiedlichen Strömungen im Islam hervor. Wichtiger in unserem Kontext ist seine Haltung zum Tod. Der Tod ist kein Anlass für Trauer – er bedeutet den Übergang des Menschen in das lichtdurchflutete, unendliche Reich Gottes, seine Rückkehr zu dem Zustand vor seiner Schöpfung: „Je ne meurs pas, Momo, je vais rejoindre l'immense." (S. 70, Z. 15 f.) Für al-Ghazali ist die Welt der Spiegel Gottes, das heißt, Gott ist allgegenwärtig, manifestiert sich in allem, was uns umgibt. Das Denken und Handeln des Sufi kreist um Gott; auch in den Suren des Koran wird der Mensch aufgerufen, ständig an Gott zu denken: „Wahrlich, durch das Gedenken an Gott

Hauptvertreter der meditativen Richtung des Islam: al-Halladj und al-Ghazali

Das Denken und Handeln des Sufi kreist um Gott

werden die Herzen ruhig" (Sure 13, 28). Es ist diese innere Ausgeglichenheit, die für M. Ibrahim charakteristisch ist. Für ihn ist der Koran ständiger Gefährte seines Lebens, Führer zu allen guten Werken, Bewahrer vor Verblendung und blinder Leidenschaft, deren Opfer der Mensch leicht zu werden droht: „L'homme a d'abord été minéral, puis végétal, puis animal – ça, animal, il ne peut pas l'oublier, il a souvent tendance à le redevenir" (S. 67, Z. 13 ff.).

Islam kennt Erbsünde nicht

Der Islam kennt nicht die Lehre von der Erbsünde: der Mensch ist von Natur aus gut, es sind die in seinem Leben wirksam werdenden negativen Einflüsse, die ihn verändern können und vor denen ihn ein Leben entsprechend den Lehren des Koran bewahrt. Als gläubiger Sufi weiß M. Ibrahim um die Gefahr pharisäerhafter Selbstgefälligkeit; er erfreut sich nicht an seinem eigenen frommen Wesen, trägt seine Frömmigkeit nicht zu Schau.

Unauflösbare Verbindung zwischen Gott und Mensch

Zwischen Gott und den Menschen besteht eine unauflösbare Verbindung: Gott trägt in sich ein Bild der menschlichen Natur, und nach dieser seiner Vorstellung schafft er Adam. Am Ende seines Lebens kehrt der Mensch zu Gott zurück: „Une échelle a été mise devant nous pour nous évader, Momo […] lorsque tu auras dépassé ta condition d'homme, tu deviendras un ange. Tu en auras fini avec la terre. Quand tu danses, tu en as la préssentiment" (S. 67, Z. 12 ff.). Der Glaube an die Engel ist wichtiger Bestandteil des Islam – zeit seines Lebens ist der Mensch von Engeln beschützt. In der Todesstunde wird die Seele des Menschen von dem Todesengel Azrail zur Prüfung in den Himmel gebracht – zwischen Gott und den Menschen besteht durch die Engel eine ständige Verbindung. M. Ibrahim benutzt im Gespräch mit Momo dieses Bild von der „Jakobsleiter", wie wir es auch im Alten Testament finden (1. Mose 28,12).

Persischer Mystiker Dschelaladdin Rumi (1207–1273)

Um 1325 gründete Dschelaladdin Rumi (1207–1273), der größte Dichter der islamischen Mystik, in Konya in Zentralanatolien die

Tanzende Derwische vor dem Kloster Mevlânâ in Konya, in dem sich das Mausoleum des berühmten islamischen Mystikers und Dichters Dschelaladdin Rumi befindet.

Mewlewije-Sufi-Bruderschaft. In Konya gelangte er zu Ruhm und Ansehen: 1230 wurde er Professor für Theologie, verehrt von seiner Schülern, die ihn Maulana, „unser Herr" nannten. Die türkische Aussprache ist „Mevlânâ", und so heißt auch das Kloster, in dem sich sein Mausoleum befindet. Rumi starb im Jahre 1273; an seinem Todestag, dem 17. Dezember, versammelt sich eine unübersehbare Menschenmenge vor seinem Mausoleum und betet vor seinem Grab. Sie wohnt dem Tanz der Semâ, der „Tanzenden Derwische", bei, wie er in der von Rumi gegründeten Bruderschaft des Derwischordens gepflegt wird.

Tanz der Semâ

Der Tanz ist in seinen Bewegungen ein sanfter Reigen innerhalb festgelegter Formen. Monsieur Ibrahim, Anhänger dieser Bruderschaft, erklärt ihn Momo in einem wunderschönen Bild: „,Le cœur de l'homme est comme un oiseau enfermé dans la cage du corps.'

Tanz als sanfter Reigen

Quand tu danses, le cœur, il chante comme un oiseau qui aspire à se fondre en Dieu." (S. 64, Z. 4 ff.) Der Tanz befreit die Seele des Menschen aus dem Gefängnis des Leibes – sie kehrt zurück zu Gott: „Tu vois, Momo! Ils tournent sur eux-mêmes, ils tournent autour de leur cœur qui est le lieu de la présence de Dieu. C'est comme une prière." (S. 64, Z. 18 ff.) Der Tanz ist wie ein Gebet an Gott, in seinem Reich aufgenommen zu werden. Es reinigt den Menschen von allen irdischen Schlacken, seine Seele schwingt sich empor zu dem einzig Wertvollen: „Les heures où nous tournions au tekké, il [Monsieur Abdullah] appelait ça la danse de l'alchimie, la danse qui transforme le cuivre en or." (S. 71, Z. 1 ff.) Für Anhänger dieser Glaubensrichtung übt das langsame Drehen eine befreiende Wirkung aus, dem Alltag entrückt, fühlen sie sich dem Unendlichen nahe, lassen Missgunst und Hass hinter sich:

Tanz als Befreiung der Seele

Tanz als Gebet an Gott

> „Et monsieur Ibrahim et moi, on s'est mis à tourner.
>
> Pendant les premiers tours, je me disais: *Je suis heureux avec monsieur Ibrahim*. Ensuite, je me disais: *Je n'en veux plus à mon père d'être parti.* A la fin, je pensais même:
>
> *Après tout, ma mère n'avait pas vraiment le choix lorsqu'elle ...*
>
> – Alors, Momo, tu as senti de belles choses?
>
> – Ouais, c'était incroyable. J'avais la haine qui se vidangeait."
>
> (S. 65, Z. 6 ff.)

M. Ibrahims Abschiedsworte

Unauflösliche Einheit zwischen Gott und dem Menschen

Nach dem schweren Unfall, kurz vor seinem Tod, gewähren uns Monsieur Ibrahims Abschiedsworte Einblick in die sein gesamtes Leben prägenden religiösen Gewissheiten: „– Momo, le voyage s'arrête là. – Mais non, on n'y est pas arrivés, à votre mer de naissance. – Si, moi j'y arrive. Toutes les branches du fleuve se jettent dans la même mer. La mer unique." (S. 69, Z. 11 ff.) Diese Worte sind Ausdruck der Überzeugung, dass zwischen dem Schöpfergott und dem Menschen eine Einheit besteht, da der Mensch von Gott nach seinem Bilde geschaffen worden ist – der Tod bedeutet für den Menschen das Ende seiner irdischen Reise, das Aufgehen des kleinen Wassertropfens, des winzigen Rinnsals, welches das menschliche Leben darstellt, in dem unendlichen Meer der Gottheit. In diesen letzten gemeinsamen Augenblicken nimmt Momo Abschied von dem Menschen, der seinem Leben Sinn gegeben hat und dessen sanftes Sterben ihm verdeutlicht, dass der Tod den, der ein erfülltes Leben unter Gottes Geboten geführt hat, nicht ängstigt.

> „Momo, tu pleures sur toi-même, pas sur moi. Moi, j'ai bien vécu. J'ai vécu vieux. J'ai eu une femme, qui est morte il y a bien longtemps, mais que j'aime toujours autant. J'ai eu mon ami Abdullah, que tu salueras pour moi. Ma petite épicerie marchait bien. La rue Bleue, c'est une jolie rue, même si elle n'est pas bleue. Et puis il y a eu toi." (S. 70, Z. 1 ff.)

Momos veränderte Haltung zu seinen Eltern

Wir erinnern uns an Momos ironisch-distanzierten Kommentar bei der Nachricht vom Tode seines Vaters (S. 45, Z. 25–S. 46, Z. 3), aber auch im Verhältnis zu ihm hat sich dank Monsieur Ibrahims Einfluss ein Wandel vollzogen, so dass Momo seinen Hass überwinden und seinem Vater vergeben konnte. Desgleichen hat sich das Verhältnis zu seiner Mutter entspannt – regelmäßig besucht er sie und ihren Ehemann mit seiner Familie: „Voilà, maintenant ... le pli est pris. Tous les lundis, je vais chez eux, avec ma femme et mes enfants. Comme ils sont affectueux, mes gamins, ils l'appellent grand-maman, la prof d'espagnol, ça la fait bicher, faut voir ça!" (S. 74, Z. 16 ff.)

Popol, der vom Vater erfundene „Überbruder", Verkörperung aller Sekundärtugenden wie Fleiß, Gehorsam, Strebsamkeit, künstlich geschaffen, um Momo permanent zu demütigen, ihm sein eigenes Versagen zu verdeutlichen, ist für Momo nicht länger ein Trauma: „Dernièrement, j'ai [...] annoncé [à ma mère] que Moïse avait retrouvé son frère Popol, et qu'ils étaient partis en voyage tous les deux, et que, à mon avis, on les reverrait pas de sitôt." (S. 73, Z. 11 ff.) Sein spielerischer Umgang mit seiner einstmals bedrückenden Vergangenheit, der Niedertracht, die er durch seinen Vater erfahren hat, ist Beleg für seine durch M. Ibrahim gewonnene innere Stärke, Selbstsicherheit, Ausgeglichenheit, oder, in den Worten der Mutter, ein Akt der Befreiung: „Il y a des enfances qu'il faut quitter, des enfances dont il faut guérir." (S. 73, Z. 18 ff.) Die von M. Ibrahim vorgelebten Lebensweisheiten werden Momo am Ende seiner Reise von Monsieur Abdullah, „un monsieur Ibrahim parcheminé, plein de mots rares, de poèmes sus par cœur" (S. 70, Z. 22 f.) in Form von Maximen aus den Werken des Dichterphilosophen Rumi nahegebracht.

Momo hat innere Stärke gewonnen

Momo wird sein Leben wie sein Adoptivvater gestalten, im Frieden mit sich selbst, im Vertrauen auf Gott – ein reifer junger Mann, der für seine Kinder das Vorbild sein wird, das M. Ibrahim für ihn über den Tod hinaus ist. Dessen Leben ist Vergangenheit: „[il était] „Arabe, ça veut dire ‚ouvert de huit heures du matin jusqu'à minuit et même le dimanche'" (S. 11, Z. 17 ff.), für Momo ist es lebendige Gegenwart, Aufforderung, dort weiterzumachen, wo sein Adoptivvater aufgehört hat: „Arabe, ça veut dire ouvert la nuit et le dimanche, dans l'épicerie." (S. 75, Z. 5 f.) Er fügt sich ein in den ewigen Kreislauf von Leben und Vergehen, beginnt seine Arbeit mit der Gewissheit, bei der Erfüllung seiner Aufgaben das Rechte zu tun. Ständiger Begleiter auf seinem Lebensweg wird der ihm hinterlassene Koran M. Ibrahims sein: „Le notaire m'a tendu l'enveloppe grise et j'ai sorti délicatement le vieux livre. J'allais enfin savoir ce qu'il y avait dans son Coran. Dans son Coran, il y avait deux fleurs séchées et une lettre de son ami Abdullah." (S. 72, Z. 21 ff.)

Momo lebt wie M. Ibrahim im Vertrauen auf Gott

Momo fügt sich ein in den ewigen Kreislauf von Leben und Vergehen

Ständiger Begleiter: Der Koran

In den Jahren der Freundschaft mit Monsieur Ibrahim, die sich zu einer echten Vater-Sohn-Beziehung entwickelt, ist der Koran der ständige Begleiter der beiden. Er ist allgegenwärtig für M. Ibrahim, wobei es ihm nicht um die buchstabengetreue Einhaltung seiner Normen geht. Er gibt Antwort auf die Frage, worin menschliches Glück besteht: „– Comment vous faites, vous, pour être heureux, monsieur Ibrahim? – Je sais ce qu'il y a dans mon Coran." (S. 35, Z. 15 ff.), er lehrt uns Ehrfurcht und Achtung vor der göttlichen Schöpfung: „La beauté, Momo, elle est partout. Où que tu tournes les yeux. Ça, c'est dans mon Coran." (S. 41, Z. 11 f.), er spendet Trost und inneren Frieden auf unserem letzten Weg: „Moi, je n'ai pas peur, Momo. Je sais ce qu'il y a dans mon Coran." (S. 69, Z. 20 f.)

Frage nach menschlichem Glück

Die in dem alten Koranexemplar liegenden Blumen bezeugen die Schönheit der von Gott geschaffenen Welt, sind, da vertrocknet, auch als „Memento mori" zu verstehen, als Mahnung Monsieur Ibrahims an Momo, ein Gott wohlgefälliges Leben zu führen, über das er nach seinem Tode Rechenschaft abzulegen hat.

Vertrocknete Blumen in M. Ibrahims Koran als „Memento mori"

3.5 Sachliche und sprachliche Erläuterungen

S. 5, Z. 4	**le vomi**	vomir: rejeter par la bouche ce qui était dans l'estomac
S. 5, Z. 9	**les entrailles (f.)**	organes situés dans le ventre
S, 6 Z. 3 f.	**se faire engueuler**	se faire disputer
S. 6, Z. 10	**être soupçonné**	être accusé sans preuve
S. 6, Z. 17 f.	**douter**	ne pas croire
S. 7, Z. 1	**le porche**	entrée d'un bâtiment
S. 7, Z. 17	**gâcher qc.**	diminuer la valeur sentimentale de qc.
S. 8, Z. 4	**se ruer**	courir, se précipiter
S. 8, Z. 6	**dare-dare**	très rapidement
S. 8, Z. 15	**arc-bouté**	solidement installé
S. 9, Z. 9 f.	**une branche greffée sur son tabouret**	comme une branche qui semble être poussée sur un siège
S. 10, Z. 14	**escroquer qn.**	voler qn.
S. 10, Z. 15	**dérober**	voler, prendre sans être vu
S. 12, Z. 6	**être en alerte**	être prêt à réagir à qc.
S. 12, Z. 8 f.	**les hommes ont le discursif coincé**	les hommes ne peuvent plus contrôler leurs pensées
S. 12, Z. 9 f.	**la braguette**	ouverture verticale sur le devant d'un pantalon
S. 12, Z. 14	**s'étirer**	*sich räkeln*
S. 12, Z. 16	**cligner des yeux**	fermer et ouvrir les yeux rapidement
S. 12, Z. 17	**en avisant mieux**	en regardant mieux
S. 13, Z. 2	**au comble de la stupeur**	très, très surpris
S. 13, Z. 7	**s'ébrouer**	se secouer, bouger

S. 13, Z. 10	**escamoter qc.**	voler qc.
S. 14, Z. 4	**parier**	ici: être sûr de qc.
S. 14, Z. 6	**à gorge déployée**	*aus vollem Hals*
S. 14, Z. 6 f.	**faire un boucan d'enfer**	bruit énorme rappelant l'enfer
S. 14, Z. 8	**branle-bas de combat**	*klar zum Gefecht*
S. 14, Z. 19	**un haut-le corps**	un mouvement de surprise
S. 15, Z. 1	**deux balles**	deux Francs
S. 15, Z. 10	**je n'en reviens pas**	je n'arrive pas à croire ce qui vient de se passer
S. 15, Z. 11	**avoir du culot**	agir d'une façon sûre en sachant qu'on est malhonnête
S. 16, Z. 1	**le truc**	ici: le conseil, l'idée
S. 16, Z. 1 f.	**soutirer de l'argent à qn.**	dépenser l'argent de qn. sans que celui-ci s'en aperçoive
S. 16, Z. 6	**allonger le beaujolais**	mélanger le bon vin avec un vin moins cher
S. 16, Z. 9	**faire chier le monde**	se conduire de façon à gêner qn.
S. 16, Z. 12	**se fissurer**	*Risse bekommen*
S. 16, Z. 14	**la fente**	ouverture étroite et verticale
S. 17, Z. 12	**s'étaler**	tomber
S. 17, Z. 13	**bondir**	sauter
S. 17, Z. 15	**le môme**	l'enfant
S. 17, Z. 15 f.	**foutre une raclée à qn.**	battre, frapper qn.
S. 17, Z. 16	**débouler**	arriver très vite
S. 17, Z. 17	**se ramasser sur ses jambes**	se relever
S. 17, Z. 18	**décamper**	partir en courant
S. 18, Z. 1	**chancelant**	sur le point de perdre l'équilibre

S. 18, Z. 5	**offrir une passe**	ici: relation sexuelle gratuite
S. 18, Z. 8	**vexer**	faire de la peine
S. 18, Z. 11	**être outrée**	être en colère, ici: jaloux
S. 19, Z. 9	**bouffer**	ici: abîmer
S. 19, Z. 9	**la reliure**	la couverture qui protège un livre
S. 20, Z. 7	**être assidu**	travailler avec beaucoup d'attention, être concentré sur son travail
S. 20, Z. 19	**dévisager qn.**	regarder attentivenent qn.
S. 20, Z. 19	**déchiffrer qn.**	essayer de lire dans les pensées de qn.
S. 20, Z. 20	**effarement (m)**	grande surprise
S. 21, Z. 11	**un vrai coup de poing**	ici: un choc moral
S. 21, Z. 12	**un coup de vache**	un méchant coup
S. 22, Z. 1 f.	**narguer qn.**	se moquer de qn.
S. 22, Z. 8	**mon œil**	je ne crois pas cela
S. 22, Z. 12	**une baffe**	une gifle, un coup sur le visage
S. 22, Z. 16	**refiler en douce**	donner sans faire payer le client
S. 23, Z. 3	**vlan**	et voilà
S. 23, Z. 6	**une engueulade**	un reproche exprimé d'une voix forte
S. 23, Z. 6 f.	**un avertissement**	*Verweis*
S. 23, Z. 18	**tapoter**	frapper à petits coups légers et rapides
S. 23, Z. 19	**c'est l'ivresse**	c'est incroyable
S. 24, Z. 1	**mitrailler**	bombarder
S. 24, Z. 3	**le cafard**	ici: personne peu fréquentable
S. 25, Z. 12	**une connerie**	chose qu'il ne faut pas faire
S. 25, Z. 23	**câlin**	affectueux, qui aime les caresses

S. 27, Z. 16	**être bon prince**	accepter sans contredire
S. 29, Z. 2	**charrier**	plaisanter
S. 29, Z. 14	**vachement**	très
S. 29, Z. 14	**n'empêche**	peu importe
S. 29, Z. 20	**raffoler**	aimer
S. 29, Z. 22	**le guignol**	nom d'un théâtre pour des enfants
S. 30, Z. 7	**empilé**	posé les uns sur les autres
S. 30, Z. 16 f.	**les jardins secrets du Palais Royal**	jardins se trouvant près du Palais Royal, ancienne résidence officielle
S. 30, Z. 19	**une Suze anis**	nom d'une liqueur à base d'anis
S. 31, Z. 1	**chouette**	ici: agréable
S. 32, Z. 6 f.	**friser la contrebande**	proche de l'illégalité
S. 32, Z. 8	**donner du fil à retordre**	causer beaucoup de soucis
S. 33, Z. 2	**le mec**	le type
S. 33, Z. 2	**al-Halladj (857–922)**	mystique islamique (voir. ch. 3.4)
S. 33, Z. 2	**al-Ghazali (1059–1111)**	théologien islamique (voir ch. 3.4)
S. 34, Z. 13	**une fois n'est pas coutume**	ce n'est pas l'habitude
S. 34, Z. 18 f.	**détraquer**	détériorer, abîmer
S. 35, Z. 1	**être viré**	être renvoyé de son poste, de son travail
S. 35, Z. 14	**mâcher**	manger
S. 35, Z. 14	**une arachide**	une cacahuète, *Erdnuss*
S. 35, Z. 18 f.	**piquer qc. à qn.**	*stibitzen*
S. 37, Z. 2	**balancer**	ici au sens figuré: jeter à la tête
S. 37, Z. 5 f.	**une saloperie**	une chose désagréable
S. 38, Z. 5	**irrévocable**	qui ne changera pas

S. 38, Z. 14	**une mignonnette**	une très petite bouteille
S. 39, Z. 14	**une ardeur**	*Inbrunst*
S. 40, Z. 7	**le boulot**	le travail
S. 41, Z. 14 f.	**révéler qc. à qn.**	faire connaître
S. 41, Z. 20	**le prétendant**	le fiancé, le mari possible
S. 42, Z. 16	**renifler**	ici: sentir
S. 43, Z. 2	**circoncis**	*beschnitten*
S. 43, Z. 5	**le sacrifice**	don fait à un Dieu
S. 43, Z. 14	**se taper sur la gueule**	se battre, combattre, faire la guerre
S. 44, Z. 1	**puer**	sentir mauvais
S. 44, Z. 2	**la serpillière**	morceau de tissus qui sert à laver le sol
S. 44, Z. 12	**capoter**	devenir de plus en plus rare
S. 44, Z. 16	**avoir des pincements au cœur**	être triste
S. 45, Z. 12	**le verrou**	la serrure
S. 46, Z. 9 f.	**être rongé par qc.**	être usé par l'action lente du regret
S. 46, Z. 13	**sinistre**	noir, peu confortable
S. 47, Z. 5	**un truc tordu**	qc. qui ne plaît pas du tout
S. 47, Z. 12	**l'interrupteur (m)**	le bouton qui sert à allumer la lumière
S. 48, Z. 9 f.	**pourrir la vie de qn.**	rendre la vie difficile à qn.
S. 48, Z. 17 f.	**se culpabiliser**	penser qu'on a des torts, se sentir responsable
S. 49, Z. 6 f.	**fourrer qc. dans une poche**	mettre rapidement qc. dans une poche
S. 49, Z. 19	**l'escabeau (m)**	échelle pliante
S. 50, Z. 3	**se racler la gorge**	*sich räuspern*

S. 50, Z. 9	**se foutre de la gueule de qn.**	se moquer de qn.
S. 50, Z. 13 f.	**se faire sacrément violence**	avoir besoin de beaucoup de force, pour faire qc.
S. 50, Z. 19	**se marrer**	rire intérieurement
S. 51, Z. 5 f.	**la plinthe**	bande de bois au bas d'un mur
S. 51, Z. 20	**en avoir marre**	en avoir assez
S. 52, Z. 9	**être déconcerté**	ne pas comprendre
S. 52, Z. 14	**un demeuré**	un fou
S. 52, Z. 19	**vaciller**	trembler, ne pas tenir sur ses jambes
S. 53, Z. 7	**un ton détaché**	sans émotion
S. 53, Z. 9	**scruter**	observer avec attention
S. 53, Z. 9	**éplucher**	essayer de lire les pensées
S. 54, Z. 16 f.	**le tampon**	*Stempel*
S. 55, Z. 16	**c'est dingue**	c'est bizarre, étonnant, incroyable
S. 55, Z. 19	**se regonfler**	retrouver de l'énergie, du courage
S. 55, Z. 19	**scintiller**	briller
S. 56, Z. 3	**vanter**	mettre les avantages en valeur
S. 56, Z. 4	**un engin**	une automobile
S. 56, Z. 12	**le papyrus**	ici: le document
S. 56, Z. 18	**la mensualité**	somme à payer chaque mois
S. 57, Z. 2	**la gaffe**	l'erreur
S. 57, Z. 6	**une liasse**	paquet de 10 billets de banque
S. 57, Z. 23	**les commandes**	les boutons, le volant, le levier de vitesses etc. nécessaire pour conduire une automobile
S. 58, Z. 19	**ben, on n'est pas dans la merde**	eh bien, nous sommes dans une mauvaise situation

S. 59, Z. 9 f.	**sans perdre une miette**	enregistrer dans la mémoire chaque mot ou geste
S. 59, Z. 10	**le moniteur**	celui qui donne des leçons de conduite
S. 59, Z. 14	**se débrouiller**	ici: conduire de mieux en mieux
S. 60, Z. 2	**être crispé**	ici: tenir le volant de toutes ses forces
S. 60, Z. 4	**le babil**	le monologue
S. 60, Z. 8	**les plus diaboliques roublardises (f)**	explications mêlées volontairement à de fausses informations
S. 62, Z. 14	**le cierge**	bougie qui se trouve dans les églises
S. 62, Z. 16	**l'encens**	*Weihrauch*
S. 63, Z. 8	**dégouter**	donner une impression très désagréable
S. 64, Z. 7	**aspirer à se fondre en Dieu**	vouloir être en commun accord avec Dieu
S. 64, Z. 10	**le seuil**	*Schwelle*
S. 64, Z. 17	**la toupie**	jouet que les enfants font tourner à grande vitesse
S. 65, Z. 2	**le repère**	l'endroit que l'on connaît
S. 65, Z. 3	**la pesanteur**	*Schwerkraft*
S. 65, Z. 4	**la torche**	*Fackel*
S. 65, Z. 4	**se consumer**	brûler doucement
S. 65, Z. 15	**se vidanger**	ici: partir, éliminer
S. 66, Z. 5	**un enragé**	un fou
S. 67, Z. 9	**se faufiler**	passer à travers
S. 67, Z. 13	**s'évader**	partir
S. 68, Z. 4	**mouais**	enfin

S. 68, Z. 12	**être bouleversé**	être ému, nerveux
S. 68, Z. 22	**se précipiter sur qn.**	courir vers qn.
S. 69, Z. 6	**la plaie**	blessure ouverte
S. 69, Z. 24	**sangloter**	pleurer en émettant des sons de douleur
S. 70, Z. 16	**l'immense**	ici: le royaume de Dieu
S. 70, Z. 22	**parcheminé**	ridé, désséché
S. 71, Z. 4	**Rumi (1207–1273)**	philosophe, fondateur de l'ordre des derviches
S. 71, Z. 6	**la pierre philosophale**	la pierre des sages
S. 71, Z. 15	**anéantir**	rendre nul
S. 72, Z. 8	**la cheville**	articultion située entre le pied et la jambe
S. 72, Z. 12	**mendier**	demander quelques pièces de monnaie aux passants
S. 73, Z. 16	**être sur ses gardes**	faire attention, se méfier
S. 73, Z. 22	**le rayon**	ici: la compétence, le savoir
S. 74, Z. 16	**le pli est pris**	l'habitude s'est installée
S. 74, Z. 18	**le gamin**	l'enfant
S. 74, Z. 19 f.	**faire bicher qn.**	faire plaisir à qn.

3.6 Stil und Sprache

ZUSAMMENFASSUNG

Die Adoption Momos durch M. Ibrahim bedeutet hinsichtlich Aufbau und Gehalt der Erzählung eine **Zäsur**. Die Sprache ist Ausdruck der jeweiligen unterschiedlichen Gefühlslage des Protagonisten.

Im ersten Teil, d. h. bis zum Verschwinden/Selbstmord des Vaters, spiegeln Wortwahl und Satzbau Momos Traurigkeit und Verzweiflung, nur dann und wann aufgelockert durch ironisch-distanzierte Kommentare zum Verhalten seiner Umgebung und zu seinem eigenen Benehmen. **Im zweiten Teil** ist der Sprachstil Beleg für die Lebensfreude des Jungen, es begegnen uns Szenen, in denen das komödiantische Element dominiert.

Der erste Satz

Der einleitende Satz des Werkes macht deutlich, dass wir es hier mit einer besonderen Form der Erzählung zu tun haben, der sog. Ich-Erzählung, bei der handelnde Person und Erzähler identisch sind. Der Ich-Erzähler führt eine Doppelexistenz: er ist Akteur und gleichzeitig Vermittler der Handlung, ist einerseits handelnde Person, verfügt also, im Gegensatz zum auktorialen Erzähler, nur über eine begrenzte Perspektive in Bezug auf die Innenwelt der Figuren, lebt in Ungewissheit hinsichtlich der sein Leben beeinflussenden Ereignisse. Anderseits übersieht er jedoch auch das gesamte Geschehen im Rückblick, gelangt dadurch zu einem fundierten Urteil über die Motive der handelnden Personen. So verfügt Momo, der Erzähler, über einen begrenzten Erkenntnisstand, ist z. B., was seinen Vater betrifft, auf dessen Aussagen angewiesen, ohne beurteilen zu können, ob sie tatsächlich der Wahrheit entsprechen. Wenn dieser

Der Ich-Erzähler führt eine Doppelexistenz

mit ihm über die zurückliegende Jahre spricht, ihm seinen Bruder Popol als leuchtendes Vorbild hinstellt, so muss Momo davon ausgehen, dass dieser Bruder existiert. Erst durch die Enthüllungen der Mutter (S. 52) und die Ausführungen Monsieur Ibrahims (S. 48) gewinnt er ein komplexes Bild von seinem Vater.

Fesselnder Beginn

Der Beginn der Erzählung „À onze ans, j'ai cassé mon cochon et je suis allé voir les putes" (S. 5, Z. 1 f.) fesselt den Leser sofort, weckt sein Interesse. Eine genaue Analyse der beiden Hauptsätze gibt uns einen ersten Hinweis auf die Thematik: hier spricht ein junger Mensch, der an der Schwelle zum Erwachsenenalter steht. Das „Schlachten" des Sparschweins ist Symbol für das Ende der Kindheit, der Weg zu einem gereiften, in der Verantwortung gegenüber seinen Mitmenschen stehenden Mann liegt noch vor ihm. Das Interesse an dem, was der Erzähler im Rückblick auf sein bisheriges Leben von sich und seiner Entwicklung preisgeben wird, ist somit geweckt. Der Titel der Erzählung *Monsieur Ibrahim et les fleurs du Coran* lässt erahnen, wodurch die Entwicklung des Protagonisten beeinflusst werden wird: Monsieur Ibrahim – sein Name weist ihn als Muslim aus – und der Koran werden die ständigen Begleiter des Jungen sein und entscheidenden Einfluss auf seine zukünftige Lebensgestaltung ausüben.

Das Sparschweinschlachten als Symbol für Kindheitsende

Charakteristische Stilzüge

Zeitstufen der Vergangenheit

Wir beginnen unsere Untersuchung charakteristischer Stilzüge mit einigen Hinweisen zu den Zeitstufen. Die Geschehnisse in den einleitenden Abschnitten werden im Wesentlichen in zwei Zeiten der Vergangenheit wiedergegeben, dem entfernenden, Zuständigkeit und allgemeine Wahrheiten ausdrückenden **Präteritum**, und dem **Perfekt**, durch das sich der Erzähler dieses besondere Erlebnis vergegenwärtigt: „À onze ans, j'ai cassé mon cochon et je suis allé voir les putes. Mon cochon, c'était une tirelire, en porcelaine vernie, couleur de vomi, avec une fente qui permettait à la pièce d'entrer mais pas de sortir" (S. 5, Z. 1 ff.) Mit dem **„passé simple"** verfügt das

M. Ibrahims naher Tod – sprachliche Gestaltung

Französische daneben über eine weitere Vergangenheitsform, die etwas Neuartiges, den gegenwärtigen Zustand radikal Veränderndes ausdrückt: sie beschreibt ein einmaliges Ereignis, das den Erzähler entscheidend prägen und seine Zukunft beeinflussen wird. Gegen Ende der Erzählung führt man Momo in das Sterbezimmer seines Adoptivvaters: „Ils m'emmenèrent dans une grande maison. [...] Puis on m'amena devant monsieur Ibrahim. Il était étendu, couvert de plaies, de bleus, de sang." (S. 69, Z. 2 ff.) Die **asyndetische Aneinanderreihung von Substantiven**, die auf den nahen Tod hindeuten, vermittelt uns einen Eindruck von Momos Erschütterung: fassungslos, keines klaren Gedankens fähig, steht er vor dem Unbegreiflichen.

Zeitstufen der Gegenwart

Wie die Zeitstufen der Vergangenheit, so wird auch das Präsens in unterschiedlicher Funktion eingesetzt. Das „echte" **Präsens** finden wir z. B. bei Beschreibungen von Zuständen, Personen, bei allgemeingültigen Aussagen, bei der Wiedergabe von gewohnheitsmäßigen oder regelmäßig wiederkehrenden Handlungen: „Alors, aujourd'hui encore, quand ça ne va pas: je tourne." (S. 71, Z. 17 f.) Diese Fälle bekunden die Sicherheit des Erzählers, seine Umsicht, seine innere Ruhe.

Funktion des Präsens historicum

Einen gänzlich anderen Erzählerstandpunkt verrät die Wahl des sog. „unechten" Präsens, des **Präsens historicum**, wie wir es in der Episode finden, die Brigitte Bardots Auftauchen in der Rue Bleue schildert: „Grande animation rue Bleue. La circulation est arrêtée. La rue bloquée. On tourne un film. [...] Brigitte Bardot est là! Eh, la vraie Brigitte Bardot!" (S. 12, Z. 3 ff.) Es wird nicht mehr aus der Rückschau berichtet, der Erzähler ist von dem damals Erlebten noch so sehr gepackt, dass er sich als noch in der erzählten Gegenwart befindlich glaubt. Unterstrichen wird dieses innere Ergriffensein durch die **syntaktische Figur der Ellipse**: eine Fülle von Eindrücken stürzt auf den Erzähler ein, **Ausrufe** und **para-**

taktischer Satzbau sind Ausdruck seiner Erregtheit – es ist diese damals erlebte allgemeine Massenhysterie, die ihn innerlich nicht loslässt.

Die ganze Szene ist ihm zwar noch in allen Einzelheiten gegenwärtig, aber langsam findet er wieder zu sich selbst – das „passé composé" deutet darauf hin:

> „Moi, je me suis mis à la fenêtre. Je la regarde et elle me fait penser à la chatte des voisins du quatrième, une jolie petite chatte qui adore s'étirer au soleil sur le balcon, et qui semble ne vivre, ne respirer, ne cligner des yeux que pour provoquer l'admiration. En avisant mieux, je découvre aussi qu'elle ressemble vraiment aux putes de la rue de Paradis, sans réaliser qu'en fait, ce sont les putes de la rue de Paradis qui se déguisent en Brigitte Bardot pour attirer le client." (S. 12, Z. 12 ff.)

Beschreibung der Brigitte Bardot – Intention

Der **Satzbau ist hypotaktisch**, **erläuternde Relativsätze** und **Appositionen** führen zu der differenzierenden, gedanklich klar gegliederten und abwertenden Gesamtaussage: „[elle ne vit] que pour provoquer l'admiration" (S. 12, Z. 15 f.). Die körperlichen Reize dieser Frau, ihre Sinnlichkeit, werden eingefangen, jedoch bedeutet der dann folgende Abschnitt ihre eindeutige Abwertung: „je découvre aussi qu'elle ressemble vraiment aux putes de la rue de Paradis", auch wenn die Aussage des übergeordneten Satzes durch Richtigstellung des Sachverhalts im zweiten Teil des Satzgefüges modifiziert wird. Diese Zeilen spiegeln die Verachtung, die der Erzähler für den umjubelten Star empfindet – wie die Prostituierten stellt auch sie ihre Reize zur Schau. Ihre Bewegungen wirken einstudiert, sie versucht, dem Bild zu entsprechen, das die Öffentlichkeit von ihr hat – aufreizend lasziv stellt sie sich zur Schau: „le petit animal Bardot s'ébrou[e] devant les caméras" (S. 13, Z. 6 f.).

Verwendung des Präsens historicum zum Ausdruck von Momos innerer Erschütterung

In einem anderen, für Momos Entwicklung entscheidenden Moment verwendet der Erzähler ebenfalls das Präsens historicum: „– Papa, tu crois qu'il m'aurait aimé, Popol? – Mon père me dévisage, ou plutôt me déchiffre avec effarement. – Quelle question! Voici ma réponse: Quelle question!" (S. 20, Z. 18 ff.) Dem Erzähler fehlt jeder innere Abstand zu dem Erlebten, die Verachtung, die ihm sein Vater damals entgegengebracht hat, erschüttert ihn noch heute, denn dessen indirekte Antwort: „quelle question!" bedeutet ja: Wie kann man so einen wie dich überhaupt lieben?

Rückschau

Diese wenigen Zeilen gewinnen ihre besondere Aussagekraft durch einen Vergleich mit dem vorangehenden Abschnitt: „Au fond, ce n'était pas plus mal que ma mère soit partie avec Popol, peu de temps après ma naissance, parce que c'était déjà difficile de se battre avec un souvenir mais alors vivre auprès d'une perfection vivante comme Popol, ça, ça aurait été au-dessus de mes forces." (S. 20, Z. 12 ff.) Momo analysiert hier etwa 20 Jahre später aus der Rückschau seine damalige Gefühlslage. Im ersten Teil des komplexen Satzgefüges bezieht er eindeutig Stellung zu einem bestimmten Sachverhalt, der durch eine dann folgende Ergänzung noch genauer erläutert wird: „ce n'était pas plus mal que ma mère soit partie, peu de temps après ma naissance", danach liefert er in einer logisch aufgebauten Argumentationskette die Begründung für seine Überzeugung. Der Sprecher reflektiert die damaligen Ereignisse, die zeitliche Distanz ermöglicht ihm die erkennbare rationale Haltung dazu. Diese Fähigkeit zu rationaler Begründung äußert sich in dem **hypotaktisch aufgebauten Satzgefüge**. Zwei parallel gebaute Satzteile folgen aufeinander: „se battre avec un souvenir [...] vivre auprès d'une perfection vivante". Sie führen zu der durch **das wiederholte Demonstrativpronomen** noch besonders hervorgehobenen **Klimax**: „ça, ça aurait été au-dessus de mes forces". Abhängig von dem jeweiligen situativen Kontext, abhängig von seiner emo-

Sicht des Erzählers auf seine Vergangenheit

tionalen Betroffenheit verändert sich die Sicht des Erzählers auf seine Vergangenheit.

Dass M. Ibrahim, wie durch den Titel der Erzählung angedeutet, die wichtigste Bezugsperson für den Ich-Erzähler sein wird, lässt sich an seiner detaillierten Beschreibung ablesen:

„Unanimement, de mémoire de rue Bleue et de rue du Faubourg-Poissonnière, on avait toujours vu monsieur Ibrahim dans son épicerie, de huit heures du matin au milieu de la nuit, arc-bouté entre sa caisse et les produits d'entretien, une jambe dans l'allée, l'autre sous les boîtes d'allumettes, une blouse grise sur une chemise blanche, des dents en ivoire sous une moustache sèche, et des yeux en pistache, verts et marron, plus clairs que sa peau brune tachée par la sagesse.“ (S. 8, Z. 11 ff.)

M. Ibrahim – Momos äußere Beschreibung

Monsieur Ibrahim erscheint wie verwachsen mit seinem kleinen Lebensmittelladen. Erst langsam erfassen wir ihn genauer als Person, erkennen „une blouse grise sur une chemise blanche“, bis unser Blick auf seinem Gesicht verweilt: seine Augen fesseln uns, die innere Würde und Weisheit, die sein Gesicht widerspiegelt. Diese **Charakterisierung** lässt das Bild eines Menschen vor uns entstehen, der sich durch Hingabe an seine Arbeit und seine Bereitschaft, anderen zu Diensten zu sein, auszeichnet.

Rückblick

Im Rückblick versucht der Erzähler, den Charakter Monsieur Ibrahims genauer zu erfassen (S. 9, Z. 3 ff.): der **Parallelismus**, verstärkt durch die **Anapher** „sans doute ... sans doute ... sans doute ...“ und der **mehrere Partizipialkonstruktionen** verbindende hypotaktische Satzbau ab Zeile sieben zeigen, dass er immer größere Klarheit über das, was diesen Menschen ausmacht, erlangt. Da ist zum einen seine innere Gelassenheit: „il semblait échapper à l'agitation ordinaire des mortels“ (S. 9, Z. 7 f.), zum anderen sein Selbstbewusstsein, das es ihm erlaubt, anderen, welchen Standes auch immer, „auf Augenhöhe" zu begegnen: „ne rangeant jamais son étal devant qui que ce soit" (S. 9, Z. 10 f.).

Unterschiedlicher Sprachstil bei dessen im Rückblick erfolgter vertiefender Charakterisierung

Die beiden hinsichtlich des Sprachstils unterschiedlich gestalten Abschnitte (S. 8, Z. 11 ff. bzw. S. 9, Z. 4 ff.) vermitteln uns das Bild eines Mannes, dem es gelungen ist, sich in einem ihm fremden Umfeld Achtung zu erwerben, auch wenn der elfjährige Momo ihm anfänglich noch mit Vorbehalten begegnet: „*Après tout, c'est qu'un Arabe!*" (S. 10, Z. 5, 8).

Lebensfreude M. Ibrahims

Dunkelheit und Trauer in Momos Welt

Im Verlauf der Erzählung beobachtet Momo seinen neuen Bekannten sehr genau – man spürt, wie dessen hintergründiger Humor ihn anzieht: „– Monsieur Ibrahim! Imaginez que vous êtes dans un bateau, avec votre femme et Brigitte Bardot. Votre bateau coule. Qu'est-ce que vous faites? – Je parie que ma femme, elle sait nager. – J'ai jamais vu des yeux rigoler comme ça, ils rigolent à gorge déployée, ses yeux, ils font un boucan d'enfer." (S. 14, Z. 1 ff.) Die Synästhesie, die Visuelles und Akustisches miteinander verschmilzt, lässt vor uns das Bild eines vor Witz sprühenden Menschen voller Lebensfreude entstehen – welch ein Gegensatz zu dem Umfeld, das dem Jungen im Alltag mit seinem Vater begegnet. Kein Sonnenstrahl dringt in diese Welt: „un grand appartement noir" (S. 6, Z. 6), „l'obscurité" (S. 19, Z. 8), „[le] froid" (S. 19, Z. 1) sind Symbole für Dunkelheit und Trauer in der Seele des Jungen. Zu seinem Vater findet er keinen Zugang – wie eine Mauer steht Popol, der vom Vater erfundene Bruder, zwischen ihnen:

Popol – der vom Vater erfundene „Überbruder"

> „Popol, c'était l'autre nom de ma nullité. Mon père me lançait toujours à la figure le souvenir de mon frère aîné, Popol, lorsque je faisais quelque chose de mal. ‚Popol, il était assidu, à l'école. Popol, il aimait les maths, il ne salissait jamais la baignoire. Popol, il faisait pas pipi à côté des toilettes. Popol, il aimait tant lire les livres qu'aimait papa.'" (S. 20, Z. 4 ff.)

Die **Aneinanderreihung von Hauptsätzen** sowie **Parallelismus** und **Anaphorik** verleihen der Gesamtaussage besonderen Nachdruck.

Mit der mehrfachen Wiederholung des Namens „Popol" verfolgt der Vater die Absicht, Momo die unabänderliche Wahrheit – die Überlegenheit Popols – einzuhämmern. Der letzte Satz unterstreicht die Wesensgleichheit zwischen Popol und dem Vater – Momo bleibt allein mit seinen Problemen.

Das Bild von der Mauer

Zweimal begegnet uns das Bild von der Mauer, **Dingsymbol für das Ausgeschlossensein Momos** aus der ihm rätselhaft erscheinenden Welt der Erwachsenen, vor der er hilflos, ohne wirkliche Orientierung steht: „[Mon père] était clos dans les murs de sa science" (S. 19, Z. 12 f.). Monsieur Ibrahim öffnet sich ihm, bringt ihm Verständnis entgegen, lässt ihn teilhaben an seinen eigenen Gefühlen – er wird den Jungen „an die Hand nehmen" auf seinem Weg in eine neue Lebenswirklichkeit: „Grâce à l'intervention de monsieur Ibrahim, le monde des adultes s'était fissuré, il n'offrait pas le même mur uniforme contre lequel je me cognais, une main se tendait à travers une fente." (S. 16, Z. 11 ff.)

Momos totale Isolation

Momos angeborene Lebensfreude, sein Humor, machen die von seinem Vater ausgehende Kälte, seine Unnahbarkeit und Gleichgültigkeit gegenüber allem, was seinen Sohn betrifft, für den Jungen überhaupt erträglich. Sie bedeuten für den Leser eine **Auflockerung** der im ersten Teil der Erzählung vorherrschenden deprimierenden Atmosphäre. Das gleich zu Beginn angesprochene Sparschwein, „avec une fente qui permettait à la pièce d'entrer mais pas de sortir" (S. 5, Z. 3 f.), erfährt durch Momos Hinweis auf seine Farbgebung eine eindeutige Abwertung: „couleur de vomi" – brechreizerregend ist diese Verkörperung väterlicher Lebensphilosophie (S. 5, Z. 8). Momos witzig-distanzierte, sehr aussagekräftige Kommentierung männlichen Verhaltens während Brigitte Bardots Erscheinen in der

Auflockerung der deprimierenden Atmosphäre durch Momos witzige, innere Distanz verratende Beschreibungen

Rue Bleue – „ils ont le discursif qui s'est coincé dans la fermeture de la braguette“ (S. 12, Z. 8 f.) – zeigt seine geistige Beweglichkeit, und, noch wichtiger, seine kritische Grundeinstellung gegenüber dem Phänomen kollektiver Hysterie. Euphemistisch umschreibt er, was er seinem Vater als Abendessen serviert: „un ragoût d'agneau, tendance Royal Canin“ (S. 33, Z. 10).

Selbstkritik Momos

Momo ist zur Selbstkritik fähig. **Ironisch kommentiert** er seine „Charmeoffensive“, ahnt, dass er sich der Lächerlichkeit preisgibt: „Le lendemain, je me comporte vraiment comme un malade qu'aurait été piqué pendant la nuit, je souris à tout le monde.“ (S. 22, Z. 19 ff.) Monsieur Ibrahims Zuwendung, sein versteckter Humor: „– Vous y allez, [monsieur Ibrahim], parfois, rue de Paradis? – Le Paradis est ouvert à tous“ (S. 28, Z. 22 ff.), sowie seine eigene positive Grundeinstellung zum Leben helfen dem Jungen, seinen nicht immer einfachen Alltag zu bewältigen.

Momos Verzweiflung beim Verschwinden des Vaters

Als ihn jedoch sein Vater verlässt, wird er Opfer seiner Verzweiflung, seine Fragen sind Aufschreie eines zutiefst verletzten Menschen: „Qu'avais-je de si terrible? Mais qu'avais-je donc qui rendait l'amour impossible?“ (S. 38, Z. 3 ff.) **Parallelismus und Anaphorik**, in der zweiten Frage zusätzlich verstärkt durch „donc“, vermitteln uns den Eindruck eines niedergeschlagenen, von Schuldgefühlen verfolgten Menschen. Er wird sich der Armseligkeit, Freudlosigkeit seines vergangenen Lebens bewusst: „ces meubles [...] sentaient le passé, pas le beau passé, non, le vieux passé, le rance, celui qui pue comme une vieille serpillière“ (S. 43, Z. 22 ff.)

In der Wortwahl ist zunehmender Widerwille gegen alles, was sein bisherigen Leben geprägt hat, erkennbar. In gleichmäßigen Stufen vollzieht sich in dem Satzgefüge eine **symmetrische Steigerung**. Das Einleitende „le passé“ wird genauer definiert: die „gute, alte Zeit“ hat es für ihn nie gegeben, sein bisheriges Leben war im Wesentlichen von Enttäuschungen geprägt: „le beau passé“ ist Momos **sarkastischer Kommentar** in Bezug auf sein zurückliegendes Leben. Diese Vergangenheit erfährt durch die folgenden Begriffe: „le rance" und „une vieille serpillière [puante]" eine zunehmende Abwertung, wobei das Bild des stinkenden, gammeligen Wischtuchs als **Klimax** zu verstehen ist: ein Gefühl des Ekels erfasst ihn, wenn er an die zurückliegenden Jahre denkt.

Erzählatmosphäre ändert sich mit Adoption

Mit der Adoption ändert sich die Atmosphäre der Erzählung. Eine ungetrübte Heiterkeit liegt über dem Ganzen, die Vergangenheit holt Momo nicht wieder ein – vor Monsieur Ibrahim und seinem Adoptivsohn liegt eine strahlende Zukunft. Die Beschreibung des Autokaufs und der ersten Fahrversuche M. Ibrahims sind **die amüsantesten Abschnitte der Erzählung** – eine „story within the story". Vor dem Abschluss des Geschäfts muss sich der Verkäufer natürlich vergewissern, dass M. Ibrahim überhaupt einen Führerschein hat: „Et là monsieur Ibrahim sortit de son portefeuille en maroquin un document qui devait dater au minimum de l'époque égyptienne." (S. 56, Z. 9 ff.) Bei dem Dokument, das der Verkäufer als Nachweis für M. Ibrahims Fahrkenntnisse akzeptiert, handelt es sich um „une vieille lettre de mon ami Abdullah qui me racontait comment s'était passée la récolte" (S. 58, Z. 17 f.). – Für den nichts Böses ahnenden Leser kommt dieses spätere Eingeständnis etwas überraschend – so viel Chuzpe hätte man ihm denn noch nicht zugetraut.

Der Autokauf

Als guter Kaufmann zahlt er natürlich nicht mit einem Verrechnungsscheck, sondern in bar, und zwar den gesamten Preis. Paket für Paket holt er Plastiktüten aus seinen Taschen, eine köstliche Szene, bei der dem Leser vor Lachen die Tränen kommen. Man sieht den Verkäufer vor sich, wie seine Augen immer größer werden, ihm fehlen die Worte: „Mais … mais … personne ne paie en liquide … ce … ce n'est pas possible…" (S. 57, Z. 10 f.). Zwei Tage später steht das neuerworbene Auto vor der Tür. Langsam, vorsichtig macht sich M. Ibrahim mit der Technik des Wagens vertraut: „[il] se mit à toucher délicatement toutes les commandes avec ses longs doigts fins; puis il s'essuya le front, il était verdâtre“ (S. 57, Z. 22 ff.). Wie wird das wohl weitergehen, fragt sich der Leser.

Der Erzähler vermeidet geschickt jede Andeutung, lässt uns über das Kommende im Ungewissen. Als M. Ibrahim jedoch erwähnt, dass er mit seinem Freund Abdullah „gelernt“ habe (S. 58, Z. 4 ff.) – von „Autofahren“ ist nicht die Rede –, machen wir uns auf einige Überraschungen gefasst. Unsere schlimmsten Erwartungen werden übertroffen: „Fahrpraxis“ hat er nicht im Auto erworben, sondern auf Eselskarren, unterstützt von seinem Freund Abdullah (S. 58, Z. 11 ff). Der Leser ist derartig gepackt von dieser Szene, die immer neue Überraschungen bietet, dass er über den Wahrheitsgehalt einzelner Episoden gar nicht nachdenkt: das von M. Ibrahim als Führerscheinersatz vorgelegte „Dokument“ würde sicher von keiner Zulassungsstelle in Frankreich akzeptiert werden, und einen M. Ibrahim, der vorgibt, Autofahren zu können, weil er einen Eselskarren lenken kann, mag man sich auch nicht recht vorstellen. Hierum geht es auch gar nicht: diese Episoden verdeutlichen, wie glücklich die beiden sind – alles ist möglich, wie ein Märchen erscheint ihnen ihr gegenwärtiges Leben.

Funktion der genauen Beschreibung

Viele Eindrücke während der Reise

Die Vielzahl der Eindrücke, die sie während ihrer langen Reise in Monsieur Ibrahims Heimat sammeln, wird dem Leser durch den **impressionistischen Sprachstil**, der einzelne Momente festhält, vermittelt: „Des milliers de kilomètres. Nous traversions toute l'Europe par le sud. Fenêtres ouvertes. Nous allions au Moyen Orient.“ (S. 59, Z. 16 ff.) **Ellipsen und Parataxen** geben uns das Gefühl des unablässigen Dahingleitens – wir nehmen, gewissermaßen auf dem Rücksitz, an dieser Reise teil, können z. B. aus den kurzen Hinweisen Monsieur Ibrahims den Ablauf der Reise rekonstruieren: „Ah non, pas l'autoroute, Momo, pas l'autoroute.“ (S. 61, Z. 1 f.)

Verwendung von Ellipse und Parataxe – ihre Wirkung auf den Leser

Sein ständiges Geplapper zeigt, wie zufrieden er mit dieser Reise ist: „Le babil de monsieur Ibrahim, cette voix fragile comme du papier à cigarettes, ce piment d'accent, ces images, ces exclamations, ces étonnements auxquels succédaient les plus diaboliques roublardises, c'est cela, pour moi, le chemin qui mène de Paris à Istanbul." (S. 60, Z. 4 ff.) **Der reihende Satzbau, Parallelismus und Anaphorik sind Spiegelbild seines wie in einer einzigen, ununterbrochenen Bewegung dahinfließenden Wortschwalls.**

Durch Monsieur Ibrahims Unfalltod finden diese Wochen ungetrübten Glücks ein jähes Ende – ein einziges, schlichtes Wort drückt Momos vollkommene Hilflosigkeit vor dem Unfassbaren aus: „Voilà" (S. 70, Z. 17).

3.7 Interpretationsansätze

ZUSAMMEN-FASSUNG

Éric-Emmanuel Schmitt bezieht in seinem Werk Stellung gegen eine zunehmende Gleichgültigkeit des Individuums gegenüber den Nächsten, gegen das Verschwinden moralisch-ethischer Wertvorstellungen.
Sein Roman ist nach Meinung zahlreicher Kritiker ein Plädoyer für religiöse Toleranz, in dieser Hinsicht mit Lessings *Nathan der Weise*, ein Interpretationsansatz, der sich mit den Intentionen des Autors deckt.

Catherine Cassin-Pellegrini ordnet Schmitts Schaffen in gegenwärtige literarische und gesellschaftliche Strömungen in Frankreich ein.[11]

L'acroissement d'un individualisme

« Les années 1980–1990 sont marquées par trois grands courants de pensées. On assiste d'abord, en cette fin de siècle, à l'accroissement d'un individualisme factice qui clone de plus en plus dans le même moule ceux qui n'ont que l'illusion de la liberté. Le sujet libre et responsable semble fondre pour laisser place à un individu ‹ formaté › et querelleur, plus soucieux de ses droits que de ses devoirs, plus attiré par les plaisirs auxquels tout le monde se doit d'accéder que par une éthique de vie et un véritable engagement dans la cité. Des penseurs s'érigent contre cette attitude générale qui voit la responsabilité rejetée sur l'autre, quel qu'il soit, et le coupable s'innocenter de tous ses crimes en se présentant comme une victime. [...]

11 Cassin-Pellegrini, Catherine: *La condamnation de l'irresponsabilité, le retour de la foi et la Shoah comme figure du Mal suprême*. In: Éric-Emmanuel Schmitt: Le Visiteur. Paris: Magnard, 2005 (Classiques et Contemporains, Bd. 79), S. 8–10.

D'autre part, le XXe siècle finissant voit le retour du religieux et du sacré. Le développement du bouddhisme dans le monde, après l'exil du dalaï-lama, l'arrivée de nouvelles spiritualités inspirées du mouvement ‹ new age › américain dont Paolo Coehlo est un divulgateur bien connu, ont renforcé les particularismes religieux : les chrétiens ronronnants redeviennent mystiques, la jeunesse qui s'était détournée de la foi y revient. Dieu n'est plus un sujet pour vieilles barbes inspirées de Bernanos ou de Claudel : il devient un thème à la mode. De plus, la religion en tant que système de dogmes tend à disparaître au profit de pratiques spirituelles individuelles fondées essentiellement sur la foi et l'expérience intime du divin.

Le renouveau du religieux et du sacré

Enfin, les vingt dernières années ont vu se multiplier les œuvres consacrées au thème du génocide juif pendant le Seconde Guerre mondiale : les films, les romans sur le motif de la Shoah apparaissent moins comme des devoirs de mémoire que comme des retours de ce qui avait été refoulé comme insupportable. Les actes généreux de certains Justes ne font pas disparaître le sentiment de culpabilité quasi collectif de toute la population européenne à cet égard. De plus, ‹ Le ventre est encore fécond d'où a surgi la bête immonde › (Brecht) : tapie dans les cerveaux embrumés d'anciens nazis et de leurs émules, elle montre parfois encore son visage hideux à l'occasion de telle ou telle manifestation antisémite. En outre, le motif de la persécution contre les juifs réactive dans les strates les plus profondes de l'inconscient collectif toutes les émotions possibles, les plus belles et les plus repoussantes, face au Mal suprême. »

Le thème du génocide juif

In einem Interview mit Laurence Sudret äußert sich Schmitt zu einem Grundanliegen seines Werkes, dem Kampf für religiöse Toleranz.[12]

« **L. S.** : *La religion est très présente dans plusieurs de vos textes et vous montrez à chaque fois que la religion d'un homme ne doit pas l'amener à rejeter les autres. La tolérance religieuse est-elle un combat que vous sentez le devoir de mener en tant qu'écrivain ?*

Religion et tolérance dans l'œuvre de Schmitt

É.-E. S. : La tolérance est malheureusement un combat sans fin parce qu'elle s'exerce sur ce qui est incertain, soit une très vaste partie du territoire humain, la plus grande, une zone de sables mouvants, un champ instable où il n'y a jamais de connaissances certaines. En science, on n'a pas besoin d'être tolérant car il y a des vérités : en mathématiques, ‹ deux et deux font quatre ›, c'est un résultat universel ; en physique, je n'ai pas besoin de ‹ croire › que la terre est ronde, ni ‹ d'être d'accord › puisque les savants peuvent me le prouver. La science n'a donc pas besoin de mon approbation, de mon soutien, de ma croyance ou de ma tolérance. En revanche, dans le domaine de la morale, des comportements, des religions, rien n'est vrai de cette même vérité, tout est proposition, hypothèse, risque, foi. Nous sommes dans le domaine du ‹ peut-être ›. Donc, là, tout est sujet à tolérance ou intolérance.

Depuis des siècles, les écrivains se battent pour la tolérance entre les religions ; mais, ce qu'il y a de nouveau aujourd'hui, c'est qu'il faut aussi se battre pour que certains athées acceptent les religions, ne les balancent pas d'un revers dédaigneux de la main, ne les considèrent pas comme des tentatives d'abrutissement des peuples. Paradoxalement, aujourd'hui, les religions se tolèrent mieux entre elles; les intolérants sont des antireligieux absolus. »

---

12 Sudret, Laurence: *Interview mit Éric-Emmanuel Schmitt*. In: Éric-Emmanuel Schmitt: Milarepa. Paris: Magnard, 2009 (Classiques et contemporains, Bd. 102), S. 8 f.

Roswitha Guizetti vergleicht Schmitts Erzählungen mit Lessings *Nathan der Weise*.[13]

„*Es muss nicht immer* Nathan *sein.*

Schmitts Roman in seinem gedanklichen Gehalt beeinflusst von Lessings *Nathan der Weise*

Schmitts Erzählungen um die Weltreligionen sind im Moment der schlichteste und unprätentiöseste Versuch, Wahrheiten zu vermitteln, welche die Welt (seien es Herrscher oder Untertanen, Demokratien oder geknechtete Völker) anscheinend vergessen hat oder verdrängen will:

→ Religionen sind gleichberechtigt, wenn auch verschieden im Angebot. Die Suche nach der falschen oder richtigen Religion widerspricht zutiefst dem Gedanken jeder Religion und jeder möglichen Vorstellung von Gott.
→ Kulturen sind verschieden, und ihre Verschiedenheit ist bereichernd. Das Zerstören einer Kultur oder das untätige Zusehen bei ihrem Untergang haben dieselbe gedankliche Basis wie Völkermord.
→ Menschen können unschuldig und schuldig zugleich sein, Opfer und Täter, Verfolgte und Retter: das liegt nicht immer in ihrer Entscheidung. Immer jedoch können Menschen frei wählen, ob sie ihr Leben als absurd und qualvoll wahrnehmen oder es in eigener Verantwortung mit Sinn füllen – auch ohne an Gott zu glauben!

Wenn die in der Form kleinen philosophischen Romane von Éric-Emmanuel Schmitt den Leser anregen, sich gedanklich in diese Richtung zu öffnen, dann steht er in bester Lessingscher Nachfolge." (Vgl. 5. Materialien)

---

13 Guizetti, Roswitha: *Es muss nicht immer „Nathan" sein*. In: Schmitt, Éric-Emmanuel: L'enfant de Noé, hrsg. v. Roswitha Guizetti. Stuttgart: Philipp Reclam jun., 2005 (Reclams Universal-Bibliothek Nr. 9147), S. 173 f.

In einem Gespräch mit Josiane Grinfas-Bouchibti nimmt Éric-Emmanuel Schmitt Stellung zu seiner Tätigkeit als Schriftsteller sowie zu seiner Erzählung *Monsieur Ibrahim et les fleurs du Coran*.[14]

Le jugement de Schmitt sur son rôle en tant qu'écrivain

« **É.-E. S.:** Comme vous avez pu le voir, je tente de dire le minimum nécessaire, jamais plus. Je ne décris jamais : j'évoque. J'utilise de brefs dialogues. Bref, je déteste les écrivains qui se répandent sur la page comme si elle leur appartenait : en réalité, elle appartient d'abord aux personnages. Si ceux-ci, tels Momo ou monsieur Ibrahim, ne sont pas bavards, il ne faut pas devenir bavard. Écrire, c'est se soumettre à ce qui doit être écrit, consentir à l'essentiel. Ni plus, ni moins. Derrière les histoires que je narre, il y a bien évidemment des soucis philosophiques : développer la tolérance, créer du respect pour les personnages de la vie quotidienne auxquels personne ne prête attention, faire connaître une religion, montrer comment l'on peut aborder avec courage la vie et la mort, etc. Les questions philosophiques, elles se posent dans la vie lorsque l'on a un problème et que l'on cherche à l'élucider ; elles ne sont pas faites pour l'école ou l'université ; elles demeurent nos interrogations intimes. Le roman me paraît donc un bon véhicule pour la réflexion.

J. G.-B. : *Qu'est-ce qui vous a amené à choisir un jeune juif et un vieux musulman comme personnages de cette belle rencontre ?*

Le roman de Schmitt – un moyen de mener les juifs et les Arabes à une meilleure compréhension mutuelle

É.-E. S.: Je voulais aller contre les idées reçues. Aujourd'hui, à cause du conflit israélo-palestinien, à cause des tensions internationales, on ne parle plus des juifs et des musulmans que comme des ennemis. Or, juifs et musulmans vivent ensemble et s'entendent très bien depuis des siècles! Dans les pays du Maghreb, juifs et musulmans non seulement cohabitent mais se sentent plus proches entre

---

14 Grinfas-Bouchibti, Josiane: *Interview avec Éric-Emmanuel Schmitt*. In: Éric-Emmanuel Schmitt: Monsieur Ibrahim et les fleurs du Coran. Paris: Magnard, 2004 (Classiques et contemporains, Bd. 57), p. 101–104.

eux que d'un cousin européen. En Occident, dans certains quartiers des grandes villes, comme ces rues parisiennes que j'évoque dans le texte où j'ai moi-même vécu, il y a aussi un vrai voisinage harmonieux, enrichissant, une solidarité qui s'exprime au-delà des différences. C'est pour cela que Momo est juif et monsieur Ibrahim musulman : chacun va apporter le bonheur à l'autre. Ils vont se changer la vie, ils vont se rendre heureux. Monsieur Ibrahim ne veut pas convertir Momo à la religion musulmane, il lui montre simplement comment lui vit avec elle. Momo ne deviendra sans doute pas musulman, même s'il lit le Coran et se met à prier comme un soufi. Par contre, il deviendra à son tour ‹ l'arabe › de la rue Bleue.

[…]

Momo ne sait pas sourire et il pourrait investir sa rage de vivre dans des actes malhonnêtes (il vole déjà), devenir délinquant : fort heureusement, il rencontre monsieur Ibrahim et tout change. Le vieux sage, enfin, lui prête de l'attention, lui porte de l'amour et, avec humour, dénoue bien les nœuds qui l'étouffent. C'est une rencontre providentielle. Providentielle pour Momo comme pour monsieur Ibrahim, car je crois que l'adolescent apporte autant à l'épicier que celui-ci lui donne. »

4. REZEPTIONSGESCHICHTE

ZUSAMMEN-FASSUNG

Der dem Roman zugrunde liegende Theatermonolog, gesprochen von Bruno Abraham-Kremer, wurde von der Kritik sehr positiv aufgenommen.
Der Roman selbst wurde bei seinem Erscheinen in Frankreich kaum beachtet, in Deutschland stieß er auf ein geteiltes Echo. Dieter Wunderlich beurteilt das Werk positiv, weist auf die erzählerischen Qualitäten hin, fühlt sich von der Thematik angesprochen. Stephan Maus spricht dem Roman literarischen Wert ab, erkennt jedoch seinen Beitrag zur Völkerverständigung an.
Die Filmversion dient nach dem Urteil der Kritik eher der Unterhaltung und legt nicht genügend Gewicht auf den Aspekt der Verständigung zwischen den Religionen.

Der Theatermonolog

Bei seinem Erscheinen im Jahre 2001 im Verlag Albin Michel wurde die Erzählung *Monsieur Ibrahim et les fleurs du Coran* von den französischen Rezensenten und der französischen Öffentlichkeit kaum beachtet.

Große Resonanz hatte der dem Werk zugrunde liegende Theatermonolog gleichen Titels, im Dezember 1999 erstmalig am Théâtre de Vichy inszeniert, gefunden. Interpret und Regisseur war Schmitts Freund Bruno Abraham-Kremer. Der Schauspieler schlüpft in die Rolle Momos, der sich als Erwachsener an seine Kindheit und die ihn prägenden Erlebnisse erinnert. Allein auf der Bühne, gelingt es ihm, die Gefühle des heranwachsenden Jungen, seine Enttäuschungen und seine Einsamkeit, ebenso überzeugend darzustellen wie die Güte und Lebensweisheit Monsieur Ibrahims.

Anlässlich einer Aufführung im *Studio des Champs-Elysées* in Paris, wo das Stück vom September 2002 bis zum Januar 2003 auf dem Spielplan stand, schreibt André Lafargue, Kritiker des „Parisien“:

La portée œcuménique de la présentation de la pièce

„Un conte savoureux et drôle. C'est une jolie fable qu'a écrite Éric-Emmanuel Schmitt, et Bruno Abraham-Kremer en fait admirablement ressortir la portée œcuménique qui respecte la grande tradition des conteurs arabes, sans renoncer un instant à sa judéité et à la forme d'humour qui en découle tout naturellement. Le récit, savoureux, pittoresque et drôle, s'avère ainsi émouvant sur le plan humain et instructif, sur celui des idées reçues. Car il y a de la subtilité dans l'approche des personnages. [...] Ajoutons [...] les accents prenants de la musique d'Aram Kérovpyan qui l'accompagne discrètement et précisons que ce musicien d'origine turque est un spécialiste de la liturgie arménienne. Là encore, il y a un parfum d'œcuménisme dans l'air!“[15]

Das Buch

Auf Deutsch wurde die Erzählung 2003 im Verlag Ammann, Zürich, unter dem Titel *Monsieur Ibrahim und die Blumen des Koran* verlegt, mit unglaublichem Publikumserfolg, denn die Erzählung schaffte es bis auf Platz 1 der Spiegel-Bestsellerliste.

Elke Heidenreich lobte das Buch damals als „eine Geschichte vom Kummer, vom Verlust, vom Tod, von der Liebe, vom Erwach-

---

15 Lafarge, André: *Ohne Titel*. Im Internet: http://www.theatredelinvisible.com/les_spectacles/trilogie_ibrahim.html (Stand: September 2010).

senwerden und von der Toleranz in dieser durchgeknallten Zeit, in der wir leben. Ein Lehrstück in Sachen Güte."[16]

Ähnlich positiv fällt Dieter Wunderlichs Urteil aus:

Roman fördert tolerantes Verhalten gegenüber Andersdenkenden

„Éric-Emmanuel Schmitt ist es in *Monsieur Ibrahim und die Blumen des Koran* gelungen, mit zurückhaltendem Humor und feiner Beobachtung der Personen und Situationen eine kleine Welt darzustellen, in der es ungeachtet von Glaubenszugehörigkeit und unterschiedlichem Alter nicht nur möglich ist, miteinander auszukommen; es wird sogar einer des anderen Stütze und Freund. Die Parabel wirbt für Toleranz in einer multikulturellen Gesellschaft. Die scheinbar unkomplizierte, beinahe märchenhafte Geschichte wird aus der Sicht eines jüdischen Jungen erzählt. Viele Dialoge machen die Figuren lebendig. Monsieur Ibrahim und die Blumen des Koran ist nicht nur eine unterhaltsame Lektüre, sondern auch inhaltlich und formal eine wunderbare Erzählung."[17]

In seiner Rezension des Romans *L'Évangile selon Pilate*, dt. *Das Evangelium nach Pilatus*, vom 28. Januar 2006 in der „Süddeutschen Zeitung" geht Stephan Maus einleitend auch auf *Monsieur Ibrahim et les fleurs du Coran* ein:

Schmitts Roman ohne besonderen literarischen Wert

„2003 fiel der französische Autor Éric-Emmanuel Schmitt erstmals mit seiner herz- und nierenwärmenden Toleranzpredigt ‚Monsieur Ibrahim und die Blumen des Koran' unangenehm im deutschen Sprachraum auf. Dieser reine Herzensbalsam aus den kostbaren Ingredienzen Ringparabelblüten, Lebensweisheit und Street-

---

16 Zitiert nach Kemmer, Ernst: *Éric-Emmanuel Schmitt: „Monsieur Ibrahim et les fleurs du Coran"*. Lektüreschlüssel. Stuttgart: Philipp Reclam jun., 2007 (Reclams Universal-Bibliothek Nr. 15393), S. 57.

17 Wunderlich, Dieter: *Buchbesprechung: Éric-Emmanuel Schmitt: „Monsieur Ibrahim und die Blumen des Koran."* Im Internet: http://www.dieterwunderlich.de/Schmitt_Ibrahim.htm#com (Stand: September 2010).

workerbeseeltheit lehrte uns, dass nicht jeder Muselmann einen Sprengstoffgürtel um seine Hüften trägt. In einfachen Sätzen überzeugte uns die Erbauungsgeschichte von der Weisheit und Güte arabischer Tomatenverkäufer. Schmitts Beitrag zur Völkerverständigung war größer als der zur Literaturgeschichte. Sein sanftmütig parabelnder Roman war ein weiteres Beispiel jener genuin französischen Kitschvariante, die uns seit Die fabelhafte Welt der Amélie regelmäßig die Gauloise aus dem verblüfften Mund fallen lässt."[18]

Der Film

Als Éric-Emmanuel Schmitt am 25. März 2004 auf der Leipziger Buchmesse den Bücherpreis des Börsenvereins des Deutschen Buchhandels erhielt, lief in den deutschen Kinos die Verfilmung von *Monsieur Ibrahim et les fleurs du Coran* an, mit Omar Sharif in der Rolle des Monsieur Ibrahim.

Die Filmkritikerin Margarete Semenowitch zeigt sich enttäuscht von der Verfilmung der Erzählung:

„Doch wo das Buch ein Juwel ist, dass es zu entdecken lohnt, ist der Film ein müder Abklatsch, der nur aufgrund der ausdrucksstarken Züge, welche Omar Sharif […] der Figur des Ibrahim verleiht, Farbe gewinnt. […]

Der Film wird den Intentionen des Romans nicht gerecht

Obwohl das Drehbuch von Autor Schmitt und Regisseur François Dupeyron gemeinsam ausgearbeitet wurde, so lässt es doch die schönsten und markantesten Passagen des Buches aus. Gerade die Bedeutung der religiösen Sinneserfahrungen für Momo lässt sich im Film kaum erahnen. Das Hinzufügen der Figur eines Nachbarsmädchens, in das sich Momo verliebt, ist hingegen nicht mehr als

---

18 Maus, Stephan: *Stilblüten aus Nazareth. Éric-Emmanuel Schmitt schreibt ein fünftes Evangelium.* Im Internet: http://%20www.stephanmaus.de/serendipity/archives/18-Eric-Emmanuel-Schmitt-Das-Evangelium-nach-Pilatus-SZ.html (Stand: September 2010).

ein konventionelles Plotelement und bringt uns Moses nicht wirklich näher. Das Ende schließlich bietet kein Potential für Zukunft und Versöhnung, die das Buch bereithält, was wirklich schade ist. Und doch bietet auch dieser Film uns etwas ganz Besonderes: Der nunmehr 71-jährige Omar Sharif fühlt sich sichtlich wohl in der Rolle des weisen Monsieur Ibrahim. Eine Begründung dafür ist in seinem Leben zu finden, denn im Privaten wie in der Öffentlichkeit spricht sich Sharif seit Jahren für religiöse Toleranz aus. So ist Sharif ein glaubwürdiger Monsieur Ibrahim. [...] Die Wahl Pierre Boulangers für die Rolle des Momo hingegen macht aus dem so verstörten Jungen aus dem Buch einen pubertierenden Teenager, mit dem die Identifikation recht schwer fällt.

Wer das Buch nicht gelesen hat, dem wird der Film wohl besser gefallen als Kennern der Vorlage, doch kann auch dies über weite Passagen der Langeweile nicht hinwegretten."[19]

Ulf Lepelmeier hebt hervor, dass in dem Film andere Schwerpunkte als in der Erzählung gesetzt werden:

„Die detailverliebte, stilechte Kulisse wird immer wieder von zeitgenössischer Musik durchflutet, die Momo zur Aufmunterung hört. Hierbei handelt es sich um Schlager aus einer einstigen französischen Hit-Radiosendung. [...] Die Songs passen hervorragend ins Bild und tragen zur fröhlichen Stimmung, die in dem Film vorherrscht, maßgeblich bei. Der Akzent des Films liegt trotz der beiden Religionen, die sich hier begegnen, nicht auf einer Versöhnung jüdisch-muslimischer Differenzen, sondern auf der Suche nach der Lebensfreude."[20]

---

19 Semenowicz, Margarete: *Filmrezension zu „Monsieur Ibrahim und die Blumen des Koran"*. Im Internet: http://www.filmszene.de/kino/m/monsieur.html (Stand: September 2010).

20 Lepelmeier, Ulf: *Rezension zu „Monsieur Ibrahim und die Blumen des Koran"*. Im Internet: http://www.filmstarts.de/kritiken/37208-Monsieur-Ibrahim-und-die-Blumen-des-Koran/kritik.html (Stand: September 2010).

5. MATERIALIEN

Gotthold Ephraim Lessing: *Nathan der Weise* (Auszug)

Den gedanklichen Mittelpunkt von Lessings dramatischem Gedicht bildet die Erzählung von den drei Ringen, die sog. „Ringparabel", ein Aufruf zur Toleranz gegenüber jeder Glaubensrichtung. Im 3. Aufzug, 5. Auftritt beantwortet Nathan Saladins Frage, welche der drei Religionen – Judentum, Islam, Christentum – die wahre sei, mit eben dieser „Ringparabel":

Seit Generationen wurde ein ganz besonderer Ring, der die geheime Kraft besaß, „vor Gott und Menschen angenehm zu machen", jeweils vom Vater auf den von ihm am meisten geliebten Sohn vererbt. Der letzte Besitzer des Ringes war ein Vater von drei Söhnen, die ihm alle drei gleich lieb waren. Um keinen zu verletzen, ließ er vor seinem Tode zwei derart gelungene Nachahmungen herstellen, dass nach seinem Ableben die drei Söhne nicht feststellen konnten, wer von ihnen den echten Ring besaß. Der angerufene Richter entscheidet den Streit wie folgt:

„Hat von
Euch jeder seinen Ring von seinem Vater:
So glaube jeder sicher seinen Ring
Den echten. – Möglich; dass der Vater nun
Die Tyrannei des Einen Rings nicht länger
In seinem Hause dulden wollen! – Und gewiss;
Dass er euch alle drei geliebt, und gleich
Geliebt: indem er zwei nicht drücken mögen,
Um einen zu begünstigen. – Wohlan!
Es eifre jeder seiner unbestochnen

Von Vorurteilen freien Liebe nach!
Es strebe von euch jeder um die Wette,
Die Kraft des Steins in seinem Ring an Tag
Zu legen! komme dieser Kraft mit Sanftmut,
Mit herzlicher Verträglichkeit, mit Wohltun,
Mit innigster Ergebenheit in Gott,
Zu Hülf'! Und wenn sich dann der Steine Kräfte
Bei euern Kindes-Kindeskindern äußern:
So lad' ich über tausend tausend Jahre
Sie wiederum vor diesen Stuhl. Da wird
Ein weisrer Mann auf diesem Stuhle sitzen,
Als ich; und sprechen. Geht! – So sagte der
Bescheidne Richter."[21]

Claire Etcherelli: *Elise ou la vraie vie* (Auszug)

Dans le roman une jeune Française, Elise, tombe amoureuse d'un ouvrier algérien, Arezki. Dans l'extrait suivant il l'emmène dans sa chambre située dans un vieux bâtiment, habité par des Nord-Africains. Quelques minutes après leur arrivée la police fait une rafle:

« C'est à nous. Cela se fit très vite. Arezki alluma, tourna la clé. Ils entrèrent. Ils étaient trois. Quand ils m'aperçurent, ils sifflotèrent.
– Lève tes bras, Algérien, Marocain, Tunisien ?
– Algérien.
Ils tâtèrent ses poches, ses manches.

---

21 Lessing, Gotthold Ephraim: *Nathan der Weise*. Ein dramatisches Gedicht in fünf Aufzügen. Stuttgart: Philipp Reclam jun., 2000 (Reclams Universal-Bibliothek Nr. 3) – die Verszählung wird übernommen.

– Tes papiers, ta feuille de paye. La dernière.
– C'est là, dit Arezki, montrant son portefeuille.
– Déshabille-toi.
Arezki hésita. Ils me regardèrent.
– Un peu plus tôt, un peu plus tard, ça sera fait pour tout à l'heure. Vite.
Je ne détournai pas la tête... Papiers, Mademoiselle ? Madame ?... Devant la porte qu'ils avaient laissée ouverte, deux autres policiers passèrent. Ils encadraient un homme, menottes aux poignets, qu'un troisième par derrière poussait du genou.
– Alors et là-dedans ?
Celui qui venait de parler s'appuya contre la porte.
– Il y a une femme, dit le policier qui se trouvait devant Arezki.
L'autre me regarda durement.
– Tu appelles ça des femmes !...
Ils sortirent dans le couloir. Arezki était toujours encadré par les deux policiers tenant leur arme à l'horizontale.
– Quitte la chemise !
Arezki obéit.
– Allons, continue, le pantalon, que je le fouille !
– Vous l'avez fouillé.
– Lève les bras !
En même temps, celui de gauche rapprocha d'Arezki la bouche de son arme. L'autre défit la boucle qui fermait la ceinture et le pantalon glissa. Arezki n'avait plus rien maintenant qu'un slip blanc. Ils rirent à cette vue.
– Ote-lui ça il y en a qui planquent des choses dedans ! »[22]

---

22 Etcherelli, Claire: *Elise ou la vraie vie*. Paris: Éditions Gallimard, 1967 (Folio Bd. 939), S. 217–219.

Gérard Israel: *Heureux comme Dieu en France 1940–1944* (Auszug)

Après l'occupation de la France par les troupes allemandes la police française, sur l'ordre des Allemands, effectue des rafles dans les quartiers juifs des grandes villes. L'auteur décrit l'arrestation de Jean Lemberger, un jeune polonais:

« Tout le onzième arrondissement et une bonne partie du douzième étaient ainsi coupés du reste du monde. On pouvait entrer dans le secteur, on ne pouvait pas en sortir. [...]

Jean éprouvait un sentiment de sécurité qui s'exprimait par la volonté de défier les Allemands. Il longea le barrage pendant de longues minutes. Les policiers français interpellaient tous les passants, ceux qui portaient la mention **juif** sur leur carte d'identité étaient arrêtés et groupés sous la surveillance des soldats allemands. [...] Il se rapprocha de chez lui, traîna un instant devant la porte cochère, s'assit sur un sac de sable [...] Au bout de la rue, un groupe d'hommes avançait. Le noir de l'uniforme des policiers parisiens se mêlait au vert sombre de la tenue des Allemands. Il distingua quelques bérets basques [...] les fascistes. Jean rentra. Mais il ne voulut pas monter chez lui. Il souhaitait savoir comment les choses se passaient.

C'est sans angoisse qu'il vit un agent de police frapper chez la concierge. Les Allemands gardaient la porte. Entre eux il y avait les civils français du groupe fasciste. Jean se mit à califourchon sur la rampe d'escalier et regarda.

Le policier tenait à la main une feuille de papier. Jean ne fut pas ému outre mesure d'entendre le nom de son père. La concierge donna avec empressement les renseignements demandés. Sans trop se presser, les hommes passèrent devant Jean qui s'était un peu écarté. Ils ne le regardèrent pas vraiment. Quelques minutes après, Jean entendit des cris de femme, puis des pas précipités dans l'escalier. Il vit passer deux voisins solidement tenus par les Allemands. La concierge apparut.

‹ Il en manque un, dit le chef de détachement, David Lemberger, vous ne savez pas où il est ? › La femme fit un signe négatif de la tête. Elle réfléchit une fraction de seconde.

‹ Ah ! vous cherchez David Lemberger, voilà son fils, il sait peut-être où se trouve son père. ›

Jean se fit tout petit.

‹ Quel âge as-tu ? dit le policier.

– Dix-sept ans.

– Et tu ne sais pas où est ton père ?

– Non. ›

Le policier qui avait l'air de commander prit son subordonné par la manche et dit :

‹ Bon, c'est un gosse, laissez-le. ›

Un des fascistes français, tout bardé de baudriers et d'insignes, s'approcha. Il portait des lunettes et avait le visage marqué de boutons. Il saisit Jean par les épaules et s'adressa aux Allemands par-dessus l'épaule des policiers français :

‹ On l'emmène, on le relâchera quand le père se sera livré (puis il se retourna vers la concierge), dites-le à la famille. › »[23]

---

23 Israel, Gérard: *Heureux comme Dieu en France 1940–1944*. Paris: Robert Laffont, 1975. Zitiert nach: La France et les Français sous l'occupation allemande 1940–1944. Modelle für den neusprachlichen Unterricht Französisch. Frankfurt a. Main: Verlag Moritz Diesterweg, 1977, S. 43 f.

6. PRÜFUNGSAUFGABEN MIT MUSTERLÖSUNGEN

Unter http://www.königserläuterungen.de/download finden Sie im Internet zwei weitere Aufgaben mit Musterlösungen.

Die Zahl der Sternchen bezeichnet das Anforderungsniveau der jeweiligen Aufgabe.

Aufgabe 1 *

Résumez le contenu du récit.

Moïse alias Momo (pour Mohammed), un petit garçon juif, âgé de onze ans, vit seul avec son père dans un quartier populaire de Paris.

L'ISOLATION DE MOMO

Sa vie est monotone : tous les jours, en plus des devoirs qu'il doit faire pour l'école, il est obligé de s'occuper du ménage, de faire les commissions, la cuisine. Comme il n'a pas de contacts avec d'autres jeunes de son âge, il commence à fréquenter les prostituées de son quartier. Pour pouvoir économiser de l'argent pour ses escapades, il vole, de temps en temps, des boîtes de conserve dans l'épicerie du coin tenue par Monsieur Ibrahim. Ce vieil homme que tous ses clients prennent pour un « Arabe », toujours de bonne humeur, toujours aimable, s'aperçoit de la supercherie et fait comprendre à Momo que rien ne lui échappe, qu'il est donc au courant des faits. Bien que « Arabe » dans un quartier habité en majorité par des juifs, il jouit d'une très bonne réputation à cause de sa dignité et de sa sagesse reconnue par chacun.

Monsieur Ibrahim et Moïse, appelé Momo par le vieil homme – « c'est moins impressionnant » (p. 11, l. 8/9) – s'entendent de mieux en mieux, tant et si bien que l'épicier devient pour le garçon beaucoup plus important que son père. Une sorte de complicité s'établit entre les deux personnages qui a pour but de soustraire de l'argent au père sans que ce dernier s'en aperçoive – par exemple, au lieu d'acheter du Beaujolais, Momo achète un vin de table bon marché, la terrine campagnarde est remplacée par des pâtés pour chien.

MANQUE DE COMPRÉHENSION ENTRE PÈRE ET FILS

Le père s'occupe de moins en moins de son fils : il ne le remercie jamais de tout ce qu'il fait à la maison, tout au contraire, il le décourage autant qu'il le peut : il le compare toujours à Popol, le frère aîné, la « perfection vivante » qui, d'après le père, était parti avec sa mère peu de temps après la naissance de Moïse.

UNE COMPRÉHENSION GRANDISSANTE ENTRE MOMO ET M. IBRAHIM

Grâce à Monsieur Ibrahim Momo change de caractère : il est moins renfermé sur lui-même, plus ouvert, plus souriant, plus gentil et arrive à établir des contacts avec d'autres personnes, il devient plus sûr de lui-même. Monsieur Ibrahim lui montre qu'il l'estime beaucoup, qu'il n'a vraiment pas besoin de se sentir inférieur à son frère Popol : « – Momo, je vais te dire une chose : je te préfère cent fois, mille fois à Popol. – Ah bon ? J'étais assez content mais je ne voulais pas le montrer. » (p. 27, ll. 6–10)

LA DISPARITION DU PÈRE

Un jour le père qui travaille comme juriste chez un notaire, rentre à la maison, très accablé : il a été viré. Peu de temps après il disparaît : Momo trouve une lettre d'adieu avec les adresses de quelques personnes que le garçon ne connaît pas et auxquelles il pourrait s'adresser en cas de besoin. Avec le peu d'argent que son père lui a laissé Momo fait les commisions comme si de rien n'était pour cacher la disparition de son père à tout le monde. – c'est sa façon de cacher sa déception, de maîtriser une situation qui le bouleverse de fond en comble.

Pour le sortir de son milieu de tous les jours Monsieur Ibrahim entreprend de faire des voyages avec Momo: d'abord ils vont à Paris, « le Paris joli, celui des photos, des touristes » (p. 29, l. 16), puis en

Normandie où Momo n'en croit pas ses yeux – tellement tout est beau. Il réalise que l'équilibre mental de M. Ibrahim est le résultat d'une croyance profonde en Dieu : « – Comment vous faîtes, vous, pour être heureux, monsieur Ibrahim ? – Je sais ce qu'il y a dans mon Coran. – Faudrait peut-être un jour que je vous le pique, votre Coran. » (p. 35, ll. 15–19).

LE SUICIDE DU PÈRE

Quelques mois après leur retour de Normandie, une chose terrible se passe : un matin Momo se trouve face à quelques policiers qui lui révèlent que son père s'est jeté sous un train aux environs de Marseille. On lui demande d'identifier le corps – tâche moralement impossible pour ce jeune garçon ; heureusement M. Ibrahim est là, c'est lui qui va à Marseille pour accomplir cette démarche. Après l'enterrement, le vieil homme informe son jeune ami sur la vie de son père sous l'occupation allemande pendant la deuxième guerre mondiale : ses parents avaient été déportés et ils avaient probablement trouvé la mort dans un camp de concentration.

MOMO RENCONTRE SA MÈRE

Pour en finir avec son passé, Momo se met à rénover son logement. Alors qu'il est en plein travail une femme apparaît, elle cherche Moïse – il se doute que cette femme est sa mère mais fait semblant de ne pas savoir qui elle est et lui dit que Moïse est parti pour aller voir son frère aîné Popol. A sa grande surprise il apprend que sa mère n'a jamais eu d'enfant avant lui, que Popol, ce frère exemplaire, était donc une invention du père.

LE VOYAGE DE M. IBRAHIM ET DE MOMO AU « CROISSANT D'OR »

M. Ibrahim adopte Momo, pour qui commence une nouvelle période dans sa vie. Le père adoptif annonce qu'ils vont faire un long voyage dans le « Croissant d'Or », son pays d'origine, un voyage en voiture, qui les mènera en Anatolie en passant par la Suisse, l'Albanie et la Grèce. En premier lieu ils achètent une voiture, M. Ibrahim prend des leçons de conduite sous l'œil attentif de Momo et maintenant rien ne les empêche de se mettre en route. Au cours du voyage, qui dure plusieurs semaines, Momo apprend un tas de choses sur les pays qu'ils traversent, sur la mentalité des gens, leur façon de vivre – un vrai voyage éducatif, plus intéressant et plus informatif que l'étude de plusieurs livres de géographie.

LA MORT DE M. IBRAHIM

Une fois arrivé en Anatolie, M. Ibrahim donne des explications sur la danse des derviches et son effet sur l'esprit humain. Malheureusement leur vie commune se termine là : parti pour rendre visite à son ami Abdullah M. Ibrahim trouve la mort dans un accident de voiture.

Momo retourne à Paris ; il apprend qu'il est l'héritier de l'argent de son père adoptif, de son épicerie et de son vieux Coran.

A l'âge adulte Momo prend la suite de M. Ibrahim à l'épicerie, devient lui-même « l'Arabe du coin ». Il fait la paix avec sa mère, lui rend régulièrement visite avec toute sa famille.

Aufgabe 2 *

Dans une discussion avec sa femme Momo passe en revue la période de sa vie passée avec son père. Imaginez le récit.

POPOL – LE « FRÈRE » EXEMPLAIRE

Tu sais bien que mes relations avec mon père n'ont jamais été bonnes – je t'en ai souvent parlé. Je ne me souviens pas de mes premières années, celles qui suivirent le départ de ma mère – il y avait probablement quelqu'un à la maison pour s'occuper de moi. Mais quand j'ai eu cinq ans j'ai du faire le ménage, je faisais aussi les courses, je m'occupais de la lessive, je cuisinais. Ce qui m'agaçait le plus, c'était que mon père ne me remerciait jamais. Tout au contraire : il me critiquait tout le temps, me reprochait mes mauvaises notes à l'école – il faut admettre que je n'étais vraiment pas brillant. Le comble c'était qu'il me présentait toujours mon frère aîné Popol comme un type exemplaire – toujours assidu, toujours premier dans toutes les matières etc, etc. Et s'imaginer que ce grand frère n'a jamais existé, qu'il n'était qu'une invention de mon père – tout cela, tu le sais, je l'ai appris par ma mère. Je n'arrive pas à comprendre pourquoi mon père m'humiliait constamment, quels motifs avait-il pour me décourager sans cesse pour éviter que je ressente ma propre valeur ? Il m'était impossible d'entrer en contact avec lui : il ne répondait jamais à mes questions – « Moïse, tais-toi. Je lis. Je travaille, ... » voilà la réponse que je recevais presque à chaque fois que je voulais savoir quelque chose. On n'avait pas de relations avec les voisins, on se disait tout juste « bonjour » et encore ! Mon père se méfiait de tout le monde, n'avait confiance en personne. Plus tard, grâce à M. Ibrahim, je suis arrivé à comprendre les raisons de sa conduite envers les gens : mon père, étant juif, avait souffert terriblement sous l'occupation allemande. Il avait vécu la discrimination au quotidien: mon grand-père, qui avait travaillé dans l'administration, avait perdu son poste, à partir de vingt heures les Juifs n'avaient pas le droit de sortir de chez eux, ils ne pouvaient pas voyager librement, et, à partir de mai 1942, toute la famille, y compris les enfants, était obligée de porter l'étoile jaune sur leurs vêtements. En plus, il y avait pas mal de Français qui collaboraient avec les Allemands – il fallait se méfier des autres, faire attention à ce que l'on disait. Quelques mois avant la libération de la France, mes grands-parents ont été déportés – on ne les a jamais revus. Si mon père m'avait parlé de tout cela, on serait certainement arrivé à mieux s'entendre. Une fois seulement il a fait une allusion indirecte à tout ce qui s'était passé : je m'étais informé sur le soufisme, un courant mystique de l'islam auquel adhérait M. Ibrahim, et à cette occasion j'ai demandé à mon père s'il croyait en Dieu. Il m'a fait comprendre qu'il était non croyant, lui, bien que Juif, membre du peuple élu par Dieu – sa réponse : « Etre juif, c'est simplement avoir de la mémoire. Une mauvaise mémoire » (p. 34, ll. 8–10) ;

MOMO COMPREND MIEUX L'ATTITUDE DE SON PÈRE

aujourd'hui je comprends ce qu'il voulait dire, mais à cette époque sa réponse est restée une énigme.

À cause de la mauvaise expérience faite avec mon père, je me suis juré de réagir autrement avec les enfants, ils ont besoin qu'on leur consacre beaucoup de temps, qu'on soit à leur écoute pour les aider à trouver leur chemin dans la vie, à devenir sûrs d'eux-mêmes – ainsi ils pourront affronter les problèmes qu'ils ne manqueront pas de trouver le long de leur existence.

Aufgabe 3 ***

a) Analysez le caractère narratif du récit et montrez la fonction des deux premières pages (p. 5, l. 1 – p. 6, l. 10) dans ce contexte.
b) Par quels moyens stylistiques l'auteur nous donne t-il une idée des relations entre le père et le fils, celles-ci étant à la base de la conduite du garçon décrite tout au début du récit.

zu a)

La première phrase du texte nous révèle que nous avons à faire à une narration à la première personne – le protagoniste et le narrateur sont une seule et même personne.

L'EXISTENCE DOUBLE DU NARRATEUR

Le narrateur mène donc une existence double. D'un côté il se fond dans l'action, dispose d'une vue limitée en ce qui concerne le caractère des personnages ou le déroulement de l'action. De l'autre côté il est omniscient et possède, en rétrospective, une connaissance parfaite de la suite des événements ou des motifs des personnages.

Prenons un exemple pour illustrer nos observations : Momo, le narrateur qui, au début du récit, a onze ans, ne sait rien du passé de son père et n'a aucune information détaillée sur sa famille. Il lui est donc impossible de juger si le père dit la vérité en faisant les éloges de son frère Popol. C'est seulement après la mort de son père, grâce aux révélations de sa mère (p. 52) et aux informations de M. Ibrahim, qu'il peut se faire une image correcte et complexe du caractère de son père. Le narrateur fait passer en revue vingt ans de sa vie, choisissant les épisodes qui l'ont paticulièrement marqué et nous fait ainsi participer à son développement intellectuel et moral.

En lisant le début surprenant, presque dramatique du récit : « À onze ans, j'ai cassé mon cochon et je suis allé voir les putes » (p. 5, l. 1–2) le lecteur se pose des questions sur le caractère de ce garçon, se demande par qui a-t-il été influencé pour se conduire ainsi. Ce que nous apprenons ne correspond pas aux idées que nous nous faisons sur le passe-temps d'un enfant de cet âge. Les paragraphes suivants nous donnent en partie les informations dont nous avons besoin pour mieux comprendre sa conduite. Ce qu'on apprend en entamant la lecture est beaucoup plus qu'un épisode, c'est le résultat de toute une série d'expériences personnelles du narrateur dont nous ferons la connaissance plus en détail par la suite.

zu b)

ILLUSTRATION DES SENTIMENTS DE MOMO PAR LE CHOIX DE MOTS EXPRESSIF

Père et fils vivent dans un grand appartement « noir, vide et sans amour » (p. 6, ll. 6–7) – cet appartement reflète le manque d'affection entre eux deux, c'est un milieu dans lequel l'enfant doit se sentir déprimé, sans espoir quant à son avenir. Les volets sont toujours fermés, aucun rayon de soleil ne rentre ni dans le logement (p. 19, ll. 8–9) ni dans le hall d'entrée (p. 36, ll. 16–17). Un froid glacial règne entre les deux personnages, aucun contact n'existe entre eux. M. Ibrahim, tout comme les prostituées, lui confère la chaleur humaine dont chacun a besoin pour vivre : « J'avais toujours froid lorsque j'étais auprès de mon père. Avec monsieur Ibrahim et les putes, il faisait plus chaud, plus clair » (p. 19, ll. 1–3).

Toujours et toujours le père fait comprendre à Momo qu'il est complètement nul : « Popol, il était très assidu, à l'école. Popol, il aimait les maths, il ne salissait jamais la baignoire. Popol, il faisait pas pipi à côté des toilettes. Popol, il aimait tant lire les livres qu'aimait papa » (p. 20, ll. 7–11).

Les asyndètes – l'alignement des phrases principales qui se suivent sans être liées par des conjonctions –, leur parallélisme, les anaphores, la répétition du nom du frère – tout cela contribue à faire comprendre à Momo, que contrairement à son frère aîné, il n'est pas admis par son père.

Deux fois l'auteur emploie l'image du mur – ce mur symbolise l'obstacle insurmontable entre le jeune garçon et son père, et, dans un sens plus général, entre lui et le monde des adultes – toutefois ce mur s'ouvre grâce à la compréhension de M. Ibrahim : « [Mon père] était clos dans les murs de sa science » (p. 19, ll. 12–13). « Grâce à l'intervention de monsieur Ibrahim, le monde des adultes s'était fissuré, il n'offrait pas le même mur uniforme contre lequel je me cognais, une main se tendait à travers une fente. » (p. 16, ll. 11–14).

Aufgabe 4 ***

Montrez la liaison qui existe entre la structure du récit et le procédé pédagogique de M. Ibrahim.
M. Ibrahim joue le rôle d'éducateur auprès de Momo. Montrez comment il procède pour aider Momo dans son développement moral, social et intellectuel.

Monsieur Ibrahim connaît Momo depuis des années, depuis le moment où celui-ci a commencé à s'occuper seul des travaux ménagers. Sans savoir ce qui se passe entre père et fils il sent, avec l'expérience de sa longue vie, que Momo ne se conduit pas comme

LA CONDUITE DE M. IBRAHIM POUR GAGNER LA CONFIANCE DE MOMO

un garçon ordinaire de son âge. Il est toujours seul, ne parle pas beaucoup. Il s'est aperçu que Momo le vole régulièrement, mais au lieu de le disputer, de l'accuser ouvertement – Momo se renfermerait encore plus sur lui-même – il lui fait comprendre, en prétendant savoir lire les pensées du garçon – « Je ne suis pas Arabe » (p. 10, l. 9) – qu'il est au courant des actes malhonnêtes du jeune homme. Peu à peu il gagne sa confiance : pour la première fois il y a un adulte qui ne le gronde pas, ne le critique pas, ne le repousse pas. M. Ibrahim est crédible pour Momo parce qu'il ne fait pas semblant d'être exemplaire : les conseils qu'il lui donne pour économiser de l'argent (p. 16, ll. 1–10), sa façon de duper la fameuse vedette Brigitte Bardot, son aveu d'aller voir les prostituées (p. 29, ll. 1–4) – voilà quelqu'un qui a aussi des défauts, comme tout le monde. Momo s'ouvre à lui, il lui parle de ses soucis – pour la première fois, il y a quelqu'un qui l'écoute, qui le prend au sérieux, par qui il se sent accepté tel qu'il est : « Grâce à l'intervention de monsieur Ibrahim, le monde des adultes s'était fissuré, il n'offrait pas le même mur uniforme contre lequel je me cognais, une main se tendait à travers une fente. » (p. 16, ll. 11–14) Son plus grand problème, c'est son complexe d'infériorité dont le père est la cause principale : tous les jours les mêmes remarques ironiques, tous les jours les comparaisons défavorables avec Popol, la perfection vivante – cette conduite du père a complètement démoralisé, même traumatisé Momo. M. Ibrahim s'en aperçoit, sa remarque: « Momo, je vais te dire une chose : je te préfère cent fois, mille fois, à Popol » (p. 27, ll. 6–7) est d'une valeur pédagogique inestimable. A partir de ce moment la vie de Momo recommence à zéro. Son mentor lui avait déjà appris qu'on ne doit pas s'exclure, que l'homme est un être social et qu'il faut essayer de faire comprendre aux autres qu'on s'intéresse à eux, qu'on les prend au sérieux. On doit toujours être prêt à s'ouvrir à ses semblables, à ne pas leur cacher ses sentiments

L'IMPORTANCE DES CONTACTS SOCIAUX

– un conseil important pour Momo après la déception avec Myriam : « Ce que tu donnes, Momo, c'est à toi pour toujours ; ce que tu gardes, c'est perdu à jamais ! » (p. 42, ll. 2–3) Comme l'enseignement de M. Ibrahim ne se fait pas sur la base des méthodes habituelles: « Lorsqu'on veut apprendre quelque chose, on ne prend pas un livre. On parle avec quelqu'un. Je ne crois pas aux livres. » (p. 40, ll. 12–13) il dit à son jeune ami de faire l'expérience personnelle du conseil qu'il lui a donné: « Poli, c'est bien. Aimable, c'est mieux. Essaie de sourire, tu verras. » (p. 22, ll. 13–14) On sent que Momo devient de plus en plus satisfait, plus équilibré, parce qu'il se voit accepté par les personnes de son entourage: « Monsieur Ibrahim m'a donné l'arme absolue. Je mitraille le monde entier avec mon sourire. On ne me traite plus comme un cafard. » (p. 23, l. 19–p. 24, l. 3)

Avec la sortie au centre de Paris (p. 29, l. 15–p. 30, l. 11) et le voyage en Normandie (p. 40, l. 18–p. 43, l. 15), Momo quitte le milieu social des petits employés et des petits commerçants de la rue Bleue et élargit ainsi sa vision du monde. Il comprend bien qu'il appartient à une autre classe sociale que celle dont il fait connaissance à Paris et au Grand Hôtel de Cabourg en Normandie : « – Ça doit être chouette d'habiter Paris. – Mais tu habites Paris, Momo. – Non, moi j'habite rue Bleue. » (p. 31, ll. 1–3)

LA CRÉATION RÉVÈLE À L'HOMME LA GRANDEUR DE DIEU

Monsieur Ibrahim lui ouvre les yeux sur ce qui est vraiment important dans la vie : ce n'est pas la position sociale dont on jouit, c'est une vie en harmonie avec la nature, car la beauté et la perfection de la création témoignent de la grandeur et la bonté de Dieu : « La beauté, Momo, elle est partout. Où que tu tournes les yeux. Ça, c'est dans mon Coran. [...] Tu sais, Momo, l'homme a qui Dieu n'a pas révélé la vie directement, ce n'est pas un livre qui la lui révèlera. » (p. 41, ll. 11–16)

LE VOAYGE DANS LE CROISSANT D'OR – QUELS ENSEIGENMENTS APPORTE-IL À MOMO ?

Le voyage que « père et fils » font dans le Croissant d'Or termine le récit et aussi l'éducation de Momo. Pendant les deux semaines que dure le voyage, M. Ibrahim fait comprendre à Momo que la vie agitée menée par beaucoup de gens dans le but de gagner toujours plus d'argent pour être respecté par les autres, ne procure pas une vraie satisfaction intérieure : « La lenteur, c'est ça, le secret du bonheur. » (p. 61, l. 21) Dans les petits villages d'Anatolie ils vont souvent dans des « Tekkés » pour danser, et la danse religieuse des soufis aidera Momo pendant toute sa vie à venir à bout de ses problèmes de tous les jours. La mort de son père adoptif le rend triste, bien sûr; mais les dernières paroles de celui qui l'a éduqué pendant deux ans lui démontrent que la mort n'est pas terrible pour quelqu'un qui croit en Dieu : « Je ne meurs pas, Momo, je vais rejoindre l'immense. » (p. 70, ll. 15–16).

LITERATUR

Zitierte Ausgabe:

Schmitt, Éric-Emmanuel: *Monsieur Ibrahim et les fleurs du Coran*. Stuttgart: Philipp Reclam jun., 2009 (Reclams Universalbibliothek Nr. 9118).

Werke von Éric-Emmanuel Schmitt (chronologisch):

La nuit de Valognes. Arles: Actes Sud, 1991.
Le Visiteur. Arles: Actes Sud, 1993.
Golden Joe. Paris: Albin Michel, 1994.
La secte des Égoïstes. Paris: Albin Michel, 1994.
Variations énigmatiques. Paris: Albin Michel, 1996.
Diderot ou La philosophie de la séduction. Paris: Albin Michel, 1997.
Le Libertin. Paris: Albin Michel, 1997.
Milarepa. Paris: Albin Michel, 1997.
Frédérick ou Le Boulevard du crime. Paris: Albin Michel, 1998.
Hôtel des Deux Mondes. Paris: Albin Michel, 1999.
L'Évangile selon Pilate. Paris: Albin Michel, 2000.
Monsieur Ibrahim et les fleurs du Coran. Paris: Albin Michel, 2001.
La part de l'autre. Paris: Albin Michel, 2001.
Lorsque j'étais une œuvre d'art. Paris: Albin Michel, 2002.
Oscar et la dame rose. Paris: Albin Michel, 2002.
Petits crimes conjugaux. Paris: Albin Michel, 2003.
L'enfant de Noé. Paris: Albin Michel, 2004.
Ma vie avec Mozart. Paris: Albin Michel, 2005.
Odette Toulemonde et autres histoires. Paris: Albin Michel, 2006.
La tectonique des sentiments. Paris: Albin Michel, 2006.
La rêveuse d'Ostende. Paris: Albin Michel, 2007.

Ulysse from Bagdad. Paris: Albin Michel, 2008.

Le sumo qui ne pouvait pas grossir. Paris: Albin Michel, 2009.

Quand je pense que Beethoven est mort alors que tant de crétins vivent... Paris: Albin Michel 2010.

Sekundärliteratur:

Cassin-Pellegrini, Catherine: *La condamnation de l'irresponsabilité, le retour de la foi et la Shoah comme figure du Mal suprême.* In: Éric-Emmanuel Schmitt: Le Visiteur. Paris: Magnard, 2005 (Classiques et Contemporains, Bd. 79), S. 8–10.

Etcherelli, Claire: *Elise ou la vraie vie.* Paris: Éditions Gallimard, 1967 (Folio Bd. 939), S. 217–219.

Frank/Möbius: *ABC der literarischen Grundbegriffe.* Hollfeld: C. Bange Verlag, 2002. → „Kurz und bündig" werden anhand gut gewählter Beispiele die wichtigsten literarischen Grundbegriffe erklärt.

Grinfas-Bouchibti, Josiane: *Interview mit Éric-Emmanuel Schmitt.* In: Éric-Emmanuel Schmitt: Monsieur Ibrahim et les fleurs du Coran. Paris: Magnard, 2004 (Classiques et contemporains, Bd. 57), S. 101–104.

Guizetti, Roswitha: *Es muss nicht immer „Nathan" sein.* In: Schmitt, Éric-Emmanuel: L'enfant de Noé, hrsg. v. Roswitha Guizetti. Stuttgart: Philipp Reclam jun., 2005 (Reclams Universal-Bibliothek Nr. 9147), S. 173 f.

Heiler, Friedrich: *Die Religionen der Menschheit.* Hrsg. v. Kurt Goldhammer. Stuttgart: Philipp Reclam jun., [7]2003.

Israel, Gérard: *Heureux comme Dieu en France 1940–1944.* Paris: Robert Laffont, 1975. Zitiert nach: La France et les Français sous l'occupation allemande 1940–1944. Modelle für den neusprachlichen Unterricht Französisch. Frankfurt a. Main: Verlag Moritz Diesterweg, 1977, S. 43 f.

Kemmer, Ernst: *Éric-Emmanuel Schmitt: Monsieur Ibrahim et les fleurs du Coran.* Lektüreschlüssel. Stuttgart: Philipp Reclam jun., 2007 (Reclams Universal-Bibliothek Nr. 15393). → Ermöglicht Schülerinnen und Schülern einen guten Gesamtüberblick über die Erzählung.

Lessing, Gotthold Ephraim: *Nathan der Weise.* Ein dramatisches Gedicht in fünf Aufzügen. Stuttgart: Philipp Reclam jun., 2000 (Reclams Universal-Bibliothek Nr. 3).

Rumi, Dschelaladdin: *Aus dem Diwan.* Hrsg. v. Annemarie Schimmel. Stuttgart: Philipp Reclam jun., 1964 (Reclams Universal-Bibliothek Nr. 8911).

Schleiermacher, Friedrich: *Über die Religion. Reden an die Gebildeten unter ihren Verächtern.* Mit einem Nachwort von Karl Heinz Ratschow. Stuttgart: Philipp Reclam jun., 2007 (Reclams Universal-Bibliothek Nr. 8313).

Sudret, Laurence: *Interview mit Éric-Emmanuel Schmitt.* In: Éric-Emmanuel Schmitt: Milarepa. Paris: Magnard, 2009 (Classiques et contemporains, Bd. 102), S. 8 f.

Zitate aus der Bibel folgen der Ausgabe: *Die Bibel oder die ganze Heilige Schrift des Alten und Neuen Testaments nach der deutschen Übersetzung Dr. Martin Luthers.* Hannover: Im Verlage der Hahnschen Buchhandlung, o. J.

Zitate aus dem Koran folgen der Ausgabe: *Der Koran.* Übers. von Max Henning. Einl. und Anm. Von Annemarie Schimmel. Stuttgart: Philipp Reclam jun., 1960 (Reclams Universal-Bibliothek Nr. 4206).

Internet-Adresse:

http://www.eric-emmanuel-schmitt.com

→ Die offizielle Webseite des Autors mit Anmerkungen und Erläuterungen zu seinem Werk.

Verfilmung:

Monsieur Ibrahim et les fleurs du Coran. Frankreich 2003.
Regie: François Dupeyron.
Drehbuch: Éric-Emmanuel Schmitt, François Dupeyron.

STICHWORTVERZEICHNIS